El secreto para interpretar balances de un vistazo

El secreto para interpretar balances de un vistazo

La ventaja competitiva de saber descifrar las cuentas

Joaquín Puerta Gómez

Libros de Cabecera
www.librosdecabecera.com
Barcelona - Madrid - New York

1ª edición: mayo 2013

Rambla de Catalunya, 53, ático
08007 Barcelona (España)
www.librosdecabecera.com

Diseño de la colección: Erola Boix
Editor: Virtuts Angulo y Carmelo Canales
Cubierta: Barreras&Creixell
Maquetación: Barreras&Creixell

ISBN papel: 978-84-941066-2-0
ISBN e-book: 978-84-941066-3-7
IBIC: KF
Depósito Legal: B-7050-2013

Impreso por Publidisa
Impreso en España - *Printed in Spain*

A Maite,
tu voluntad y entrega me sirven de guía

Índice

Presentación

¿Has visto alguna vez cómo los grandes expertos miran un balance y en un momento detectan los problemas y debilidades de la empresa y son capaces de hacer recomendaciones acertadas para salvar o mejorar la gestión?

¿No te ha maravillado ver la facilidad con la que lo hacen? ¿Eres consciente de lo que podrías conseguir teniendo esa misma habilidad? La capacidad de interpretar las cuentas de una empresa es algo que se desarrolla. Simplemente, hay que conocer las claves y el *secreto*, dominar la técnica y ponerla en práctica. La buena noticia es que desarrollar esa capacidad es mucho más sencillo de lo que puedas pensar.

Lo que tienes en tus manos es un método para interpretar las cuentas de una PYME (acrónimo que usan las pequeñas y medianas empresas) de un solo vistazo y todo ello de una forma fácil, rápida y entretenida. Lo haremos a través de ejemplos, de historias reales de gente como tú y como yo que un día montaron un negocio con la mayor de sus ilusiones y le pusieron todo su esfuerzo; que cada día tomaban decisiones, unas sencillas y otras complicadas, unas utilizando conocimientos avanzados y todas usando el sentido común. Que aciertan y se equivocan y que su mayor virtud es la perseverancia, el ser capaz de levantarse tras cada tropiezo.

Lo que vas a descubrir en este libro es una manera práctica y diferente de examinar los números que describen el estado económico y financiero de cada empresa y aprenderás a encontrar en sus balances la historia de las personas que las hicieron funcionar dejando su huella y especial personalidad en cada una de ellas.

Olvídate de aburridas horas de estudio, de no entender nada frente a un manual y de engorrosas fórmulas matemáticas.

Olvídate de extensos textos y largos cursos; conocer la técnica para interpretar las cuentas de una pyme de una forma rápida y acertada es mucho más fácil de lo que parece.

Cómo está estructurado el libro

En la primera parte del libro veremos qué es lo que pretendo cuando estoy delante de los balances de una empresa. Es de vital importancia saber a qué nos enfrentamos y qué objetivos tenemos.

Para ello, definiremos lo que nos vamos encontrar, qué contiene un balance y una cuenta de resultados, cuáles son sus partes y cómo se estructuran. Aprenderemos a entendernos con un mismo lenguaje. Precisaremos con palabras sencillas todos los conceptos que encierran y que, a priori, parecen sólo accesibles a experimentados economistas; te darás cuenta que también están a tu alcance.

Comenzaremos de la mano de Olga y Mariano, una pareja de novios que decide emprender un negocio, pero que no encuentran apoyo financiero y proponen a Froilo ser su socio; con ellos verás como los puntos de vista de unos y otros pueden ser diferentes.

Definiremos también, en esta primera parte, qué es lo que queremos saber, qué buscamos exactamente en las cuentas de una empresa y descartaremos cualquier información que nos desvíe de nuestro objetivo. Apreciarás cómo las cosas sencillas son más eficaces; que para poder ver las cosas claras no hacen falta extensos informes o complicados análisis y, como en el caso de José Carnicer, a veces la mejor rentabilidad está, simplemente, en dos cervezas.

En la segunda parte del libro entraremos en profundidad a desgranar las siete claves del *secreto*, conoceremos cómo cada una de ellas nos va a ayudar a sacar conclusiones y lo explicaremos de una forma llana, con un lenguaje claro y coloquial, acompañados siempre por personas apasionantes y apasionadas, planteando cuestiones curiosas y sorprendentes que nos ayudarán a comprender la importancia y aplicación de las claves.

Iremos al banco con el audaz Martín en su periplo para buscar financiación para informatizar un hospital y agilizar el servicio sanitario de miles de personas. Como en todas las historias, conocerás a un villano: el primo Bernardo, que con su sonrisa embaucadora hace y deshace a su antojo en la empresa familiar, hasta que una buena lectura de las cuentas permite acabar con el engaño.

Conocerás también a Lorenzo y verás cómo se le torcieron las cosas sin darse cuenta y fue capaz de sobreponerse a la incertidumbre, estudiando cómo afectarían sus decisiones a los números.

También acompañaremos a Alfonso en su viaje al trópico tras el ritmo de las caderas de Rossita, una vez que fue capaz de vender su negocio en buenas condiciones. Quedarás hechizado por la fortaleza de Vanesa que, cuando otros hubieran arrojado la toalla, rebuscó en su tocador para encontrar los apoyos que necesitaba y enderezar la situación. Viviremos también un día con Manolo y veremos cómo su profesionalidad y experiencia le permitió descubrir en Hristo a un tipo que merecía la confianza de una entidad financiera.

En la tercera y última parte del libro aplicaremos un sencillo método y te desvelaré el secreto para interpretar los balances de una pyme de un vistazo. Verás como en poco tiempo, y con algo de práctica, serás capaz de mirar las cuentas y hacer un diagnóstico rápido y certero de la situación de la empresa; como si fueras un experimentado analista. Ello te permitirá ver a través de los números las historias que explican el origen y las consecuencias de las decisiones tomadas: unas veces acertadas, otras nefastas. En ocasiones podrás intuir, o constatar, la personalidad de quienes dirigen las empresas. Las cuentas muchas veces nos permiten descubrir secretos que nadie nos quiere contar.

Conoceremos también los siete problemas más habituales que se pueden encontrar en las cuentas de las empresas y cuáles son las medidas a poner en marcha para paliarlos. Te pediré que me eches una mano para ayudar a mi amigo Estanis, que tiene diferencias con su socio Emilio. De las decisiones que tomen dependerá el futuro de su empresa y, posiblemente, el de su amistad.

Para terminar, no se me puede olvidar presentarte a Nuria Vera, un personaje central en el libro, que vertebra un buen número de las historias que en él aparecen. Una mujer comprometida y decidida que cada día trabaja con la ilusión de contribuir a una sociedad más justa, una sociedad en la que se valore el esfuerzo, que haga brillar a los héroes anónimos que arriesgan su pellejo y su dinero para crear empleo y riqueza para todos.

A quién va dirigido este libro

¿Imaginas todo lo que podrías conseguir adquiriendo esta habilidad? Mucho más allá de empresarios, banqueros y contables, interpretar balances resulta muy útil a profesionales que, aparentemente, no tienen nada que ver con estos temas.

A lo largo del libro podrás encontrar muchas ideas y aplicaciones prácticas del análisis de balances. Verás como a César, director comercial de una empresa tecnológica, le ha valido para convertirse en pieza clave de su compañía al anticipar mejor las oportunidades de negocio gracias al análisis de balances. A Luis, abogado, estudiar las cuentas de las empresas antes de iniciar una acción judicial le sirve para ajustar las cantidades demandadas; a Beatriz, por otro lado, esa habilidad le fue de gran utilidad para encontrar un buen trabajo como administrativa contable.

Al final del libro te detallaré cómo estas y otras personas hicieron de esta habilidad su ventaja competitiva. En definitiva, se trata de desarrollar un talento que nos convertirá en unos profesionales que marcaremos la diferencia y contribuiremos a aportar valor a la sociedad.

Los beneficios del secreto

Ante ti tienes *El secreto para interpretar balances de un vistazo*; pero, sobre todo, en tu mano tienes la oportunidad de desarrollar una habilidad que hasta ahora sólo tenían los expertos, una capacidad desarrollada tras largas y tediosas horas de estudio y que ahora está a tu alcance adquirirla de una forma sencilla, rápida y asequible.

¿Comenzamos?

Parte I

Qué es lo que realmente quiero saber

1. Las cuentas de la empresa

Antes de comenzar a analizar las cuentas de la empresa hemos de conocer su origen, cómo se conforman desde su inicio. Para ello repasaremos una serie de conceptos, muy básicos todos ellos. La mayoría los conocerás o al menos te sonarán, pero es fundamental tenerlos claros y ordenados, ya que si no, te podría llegar a suceder algo como les pasó a Olga, Mariano y Frolo.

¿Dónde está mi dinero?

Olga es escultora y Mariano, su novio, tiene una pequeña empresa de construcción. Ha llegado a su conocimiento que el ayuntamiento del pueblo donde viven va a renovar la rotonda de acceso a la población y deciden presentar un proyecto de remodelación. Su propuesta es tan atractiva que el ayuntamiento les ha adjudicado la obra y la incorporación de una escultura de Olga.

El presupuesto del ayuntamiento es de un millón de euros. Olga y Mariano hacen recuento de todo lo que necesitan y llegan a la conclusión de que los gastos van a ascender a 800.000€ y el tiempo de ejecución será de un año.

Una vez claras sus necesidades, deben buscar la financiación para la obra. Ellos no tienen suficiente dinero, así que van a la oficina bancaria. El banco no ve claro el proyecto y les deniega el crédito. Afortunadamente, recuerdan que su amigo Frolo tiene dinero. Le plantean el proyecto y acepta financiar los 800.000€, a condición de llevarse una parte de los beneficios del negocio.

Olga y Mariano se ponen manos a la obra y Frolo se despreocupa del asunto por la confianza que tiene en sus amigos. Al finalizar el año, se entrega la obra y se presenta la factura de un millón de euros al ayuntamiento.

Al día siguiente se reúnen los tres amigos y hacen el repaso de las cuentas:

Ingresos	1.000.000 €
Gastos	-800.000 €
Beneficio	200.000 €

En ese momento Frolo reclama su dinero. Inmediatamente se crea un clima enrarecido: se han pagado todos los gastos y no se ha cobrado del ayuntamiento. Frolo se enfurece porque piensa que se han esfumado sus 800.000€.

El papel de la contabilidad

Fíjate qué percepción tan diferente de una misma realidad, mientras Olga y Mariano afirman haber ganado 200.000€, Frolo piensa que ha perdido 800.000€. ¿Por qué sucede esto?, pues porque utilizan diferentes criterios a la hora de hacer sus cuentas.

Mientras Olga y Mariano utilizan el llamado *criterio del devengo*, es decir, considerar los ingresos y gastos en el momento en el que se producen independientemente de los flujos de dinero, Frolo utiliza el *criterio de caja*, tanto dinero entra, tanto dinero sale y lo que me queda es lo que gano.

El caso es que ambos tienen razón, por eso se hace necesario unificar criterios y llamar a las cosas por su nombre. De aquí surge la contabilidad y sus normas unificadas, para que todos sigamos las mismas pautas y evitemos interpretaciones erróneas. Veamos la definición académica de contabilidad:

> «Sistema de registro, comunicación y análisis de datos, con el objeto de ofrecer una información relevante acerca de la situación y evolución de la realidad económica de la empresa de manera que tanto las terceras personas interesadas como los responsables de la gestión puedan adoptar decisiones».

Es fundamental retener tres conceptos clave:

- **Registro de datos**: La contabilidad consiste en anotar de forma ordenada los hechos económicos que van sucediendo día a día en la empresa.
- **Situación y evolución de la realidad económica**: Anotando los datos económicos pretendemos visualizar la situación económica en la que se encuentra la empresa y cómo se ha llegado hasta allí.
- **Base para la toma de decisiones**: La visión de la situación y evolución económica de la empresa deben servir para adoptar decisiones que afectarán al futuro de la misma. De una forma interna, los directivos de la empresa deberán actuar con el fin de mejorar la gestión y los resultados; y desde un punto de vista externo, terceras personas tomarán decisiones que afectarán a la compañía, como por ejemplo, conceder crédito o retirárselo.

Qué hechos económicos se contabilizan

Cada día, en nuestra empresa suceden cosas de la más variada índole: se realizan ventas, se contrata a un nuevo trabajador, se pide un préstamo al banco o compramos una furgoneta, y sólo algunas de estas acciones se contabilizan, se trata de los hechos que tienen trascendencia económica.

Contratar un nuevo trabajador, no tiene trascendencia económica en sí misma, lo que tiene un impacto económico son sus nóminas, por lo tanto, lo que trasladaremos a la contabilidad serán las nóminas, no el contrato de trabajo.

Nos vamos a encontrar con distintos tipos de hechos económicos, por lo tanto, podemos agruparlos. Los clasificamos según los siguientes grupos:

- **Ingresos**: Están formados por cualquier operación de resultado positivo. Por ejemplo, una venta o los intereses del banco son operaciones que hacen que la empresa sea más rica, que aumente su valor.

- **Gastos**: Se trata de cualquier operación de resultado negativo. Podemos encontrarnos con el alquiler mensual, los salarios o la multa que le ponen a la furgoneta de la empresa. Son operaciones que hacen que la empresa sea más pobre, que disminuya su valor.
- **Cobros**: Están compuestos por cualquier entrada de tesorería, venga de donde venga. El dinero que entra puede ser consecuencia de una venta, de una devolución de impuestos, de aportaciones de los socios o cualquier otra razón. Siempre que entre dinero en la empresa, tendremos un cobro.
- **Pagos**: Son todas las salidas de tesorería, vayan donde vayan. Las salidas de dinero pueden destinarse al pago de gastos, a la devolución de préstamos, al reparto entre los socios, etc. Siempre que salga dinero de la empresa, tendremos un pago.
- **Inversiones**: El término inversión tiene varias acepciones. Aplicado a la contabilidad se refiere a todas las adquisiciones de bienes tangibles o intangibles que van a permanecer en el patrimonio de la empresa.
- **Deudas**: Se trata del conjunto de obligaciones de pago que la empresa contrae. Dicho de otro modo, para poder hacer inversiones y llevar a cabo su actividad es posible que la empresa haya de pedir dinero prestado a los bancos, o crédito a los proveedores.

Es muy importante distinguir entre ingresos, gastos, cobros y pagos, ya que son hechos diferentes que nos pueden llevar a equívocos. Esto es lo que les ha pasado a Olga y Mariano con Frolo.

Cuando realizamos una venta (ingreso) podemos recibir el dinero (cobro) en ese momento o, por el contrario, darle crédito al cliente. Entonces adquiriremos un derecho y estaremos posponiendo la recepción del dinero (cobro), que se producirá en el futuro. Veámoslo con un ejemplo: cuando vas a comprar al supermercado, llenas la cesta y pagas por lo que te llevas. Por su parte, el supermercado realiza una venta y la cobra. En definitiva, se producen dos hechos económicos diferentes y que coinciden en el tiempo.

Sin embargo, cuando nuestra empresa recibe un pedido de un cliente y le mandamos el material, realizamos una venta. De acuerdo con lo pactado con dicho cliente cobraremos a 60 días. Se produce, por lo tanto, un solo hecho económico –la venta–, el otro hecho económico –el cobro– se producirá dentro de 60 días.

Cómo obtenemos los datos que hemos registrado

A medida que van sucediendo los hechos económicos en la empresa, los vamos clasificando y registrando en nuestra contabilidad de forma ordenada: ingresos con ingresos, gastos con gastos, inversiones, deudas, cobros, pagos y así sucesivamente.

El registro de los hechos económicos nos servirá para obtener una información organizada; por ejemplo, podemos saber cuántas ventas hemos realizado a lo largo de un periodo, cuánto se le debe a un proveedor o lo que hemos gastado en personal el trimestre anterior.

En cualquier momento se puede obtener la información que se desee. Sin embargo, hay unos datos fundamentales: el resultado del ejercicio, es decir, si la empresa gana o pierde cada año, y la relación y suma de lo que la empresa tiene y lo que debe en un momento determinado.

Las cuentas

Dado que hay información de interés común, tanto dentro de la empresa como fuera, existen dos documentos normalizados que reúnen los datos esenciales para analizar la situación economicofinanciera de un vistazo. Estos son:

- **La cuenta de pérdidas y ganancias.** Recoge los ingresos y los gastos de un periodo. La diferencia entre ellos será el resultado de ese periodo, es decir, el beneficio o la pérdida.
- **El balance de situación.** Relaciona el conjunto de bienes, derechos y obligaciones que una empresa tiene en un momento determinado. En el balance tendremos las inversiones, los derechos de cobro, el capital aportado por los socios, el beneficio generado en periodos anteriores y las deudas con bancos, proveedores y terceros; en definitiva, todo lo que la empresa tiene y lo que la empresa debe.

No podemos dejar de mencionar otros documentos que amplían y detallan la información contenida en los anteriores, como son la memoria, el informe de gestión, el estado de flujos de efectivo y el estado de cambios en el patrimonio neto.

Sin embargo, a través del balance de situación y de la cuenta de resultados de cualquier empresa tendremos información suficiente para ver si el negocio va bien, va mal, qué problemas puede tener, si conviene prestarle dinero, si es una buena o mala inversión en el caso de que tengamos la oportunidad de comprarla, etc., y todo ello podremos hacerlo, o al menos tener una aproximación muy certera, estudiando estos dos documentos.

Para lograrlo tendremos primero que conocerlos en profundidad a través de la información que contienen, cómo está ordenada y porqué. Posteriormente, aplicaremos un método para interpretar esa información, relacionarla entre sí y sacar conclusiones válidas que nos puedan llevar a tomar decisiones acertadas.

¿Quieres saber cómo termina la historia entre Olga, Mariano y Frolo? Aunque no lo creas, esta situación me ha sucedido en numerosas ocasiones.

¿Dónde está mi dinero? El desenlace

Olga y Mariano no alcanzaban a comprender la desesperación de Frolo, así que decidieron llamar a Nuria, la persona que había elaborado las cuentas del negocio.

Nuria escuchó atentamente a Frolo para entender su enojo. Rápidamente captó la situación y encendió el ordenador para explicarle de forma ordenada los hechos contables y enseñarle su clasificación y registro:

- En primer lugar se registró el cobro de los 800.000€ facilitados por Frolo. Su aportación se reflejaba en el balance.
- Una vez iniciados los trabajos, empezaron los gastos: personal, materiales, impuestos, etc. Cada uno de ellos estaba perfectamente documentado en su doble naturaleza, como gasto y como pago. Los gastos se trasladan a la cuenta de resultados, independientemente de que estén pagados o no, y los pagos pendientes quedan reflejados en el balance como deudas.
- Cuando la obra se entregó se emitió la correspondiente factura, el Ayuntamiento la aceptó dando su conformidad, y se procedió a contabilizar el ingreso. Este se trasladó a la cuenta de resultados y el derecho de cobro que se genera se reflejó en el balance:

Pérdidas y ganancias		**Balance de situación**			
		Lo que tengo		Lo que debo	
Ingresos	1.000.000	Derechos de cobro sobre clientes	1.000.000	Aportaciones de socios	800.000
Gastos	-800.000			Beneficio no distribuido	200.000
Resultado	200.000	Total	1.000.000	Total	1.000.000

- Una vez se cobre, realizaremos el correspondiente asiento contable. El derecho de cobro desaparecerá del balance y aparecerá el dinero. Sin embargo, la cuenta de resultados no variará:

Pérdidas y ganancias		**Balance de situación**			
		Lo que tengo		Lo que debo	
Ingresos	1.000.000	Tesorería	1.000.000	Aportaciones de socios	800.000
Gastos	-800.000			Beneficio no distribuido	200.000
Resultado	200.000	Total	1.000.000	Total	1.000.000

- En definitiva el resultado de 200.000€ es correcto, no obstante, se hará efectivo cuando se cobre el crédito otorgado al cliente.
- En el remoto caso de que el ayuntamiento se declarara definitivamente insolvente, tendríamos que contabilizar un gasto por el mismo importe del ingreso facturado, entonces sí reflejaría la cuenta de resultados unas pérdidas de 800.000€

Resumen

Los hechos económicos son sucesos con trascendencia económica para la empresa. Podemos clasificarlos en seis categorías:

- **Ingresos y gastos:** son operaciones que aumentan/disminuyen el valor de la empresa independientemente de las transacciones monetarias.
- **Cobros y pagos:** sencillamente son todas las entradas/salidas de dinero que se producen.
- **Inversiones y deudas:** representan el patrimonio de la empresa, lo que la empresa tiene (inversiones) y lo que la empresa debe (deudas).

La contabilidad consiste en anotar de forma ordenada todos los hechos económicos que van sucediendo con el fin de tener una visión de la situación de la empresa y poder tomar las decisiones adecuadas para, en un futuro, mejorarla.

El producto de la contabilidad, como resultado de anotar de forma ordenada los hechos económicos, aporta unos documentos normalizados con la información necesaria para determinar la situación economicofinanciera de la empresa. Los dos más importantes son:

- **El balance de situación:** representa el patrimonio de la empresa, lo que tiene y lo que debe en un momento concreto.
- **La cuenta de pérdidas y ganancias:** recoge los ingresos y los gastos de un periodo. La diferencia entre ellos será el resultado, es decir, beneficio o pérdida.

2. Lo que tengo y lo que debo

Acabamos de ver el proceso contable, los hechos económicos, su calificación y registro, y cómo sacar de ese registro la información para que nos resulte práctica. El balance de situación y la cuenta de pédidas y ganancias (PyG) son una forma obligada y útil de obtener esa información.

Como hemos comentado, se trata de dos documentos de uso normalizado, por lo que vamos a ahondar en ellos para comprender con exactitud qué son, cómo se estructuran, qué información ofrecen y qué terminología utilizan. Centraremos este capítulo en el balance de situación y el siguiente en la cuenta de pérdidas y ganancias.

Qué es el balance de situación

Es el conjunto de bienes, derechos y obligaciones de los que es titular un sujeto en un momento determinado, o dicho de otro modo, lo que la empresa tiene y lo que debe.

El balance de situación se presenta desde una doble perspectiva, por un lado lo que la empresa tiene -bienes y derechos- y por otro, lo que la empresa debe -las deudas y el patrimonio que pertenece a los socios-. Para evitar malentendidos, se denomina activo a lo que la empresa tiene, y patrimonio neto más pasivo a lo que la empresa debe.

Presentar el balance desde esta doble perspectiva resulta muy útil porque todo lo que la empresa tiene se lo debe a alguien, todos los bienes y derechos de los que es titular tienen su origen en algún lugar, alguien ha puesto el dinero para obtenerlos. En definitiva, todo lo que tengo es igual a lo que debo, bien sea a los propios socios y dueños de la empresa o a terceros, lo que es lo mismo, el activo es siempre igual al patrimonio neto más el pasivo.

Activo	Patrimonio neto + pasivo
Bienes y derechos	Obligaciones

Composición del activo

En el activo van a estar relacionados los bienes y derechos. Se ordenan según el criterio de liquidez –capacidad que tiene ese bien o derecho de convertirse en dinero–.

Veamos qué sucede si nuestra empresa tiene tres bienes:

- Una nave que se adquirió para instalar en ella la fábrica
- Un depósito bancario a la vista
- Mercancía en el almacén lista para su entrega

Los tres bienes estarán registrados en el activo y como hemos dicho, se ordenarán según su liquidez. Así, el depósito bancario es el más líquido, ya que si le pedimos al banco que lo cancele obtendremos el dinero de inmediato. En segundo lugar vendría la mercancía que está en el almacén. Esperamos que pronto se convierta en dinero, para ello hay que venderla y cobrarla. Finalmente, la nave es el bien menos líquido, ya que se adquirió para albergar la fábrica de forma indefinida y no se tiene intención de vender.

Agrupación de los elementos del activo

Una vez que ya sabemos cuál es el orden en el que vamos a colocar los elementos que conforman el activo, haremos con ellos dos grandes grupos:

ACTIVO		
	Activo no corriente	Elementos que no se van a convertir en dinero antes de un año
	Activo corriente	Elementos que se van a convertir en dinero antes de un año

El inmovilizado o activo no corriente recogerá los elementos menos líquidos, aquellos que en el corto plazo no se van a convertir en dinero. No podemos contar con ellos a la hora de generar caja para pagar deudas a corto plazo.

Sucede lo contrario en el activo corriente; está formado por los elementos más líquidos, aquellos que sí se convertirán en dinero en el corto plazo. Contamos con ellos para hacer frente a las deudas a corto plazo.

Tanto el inmovilizado como el activo corriente se subdividen también en grupos. Así, dentro del inmovilizado o activo no corriente nos encontraremos con:

- **Inmovilizado material.** Los bienes tangibles, aquellos que van a permanecer en la empresa largo tiempo y que son materiales, como por ejemplo la nave propiedad de la empresa, los ordenadores que utilizamos o la furgoneta de reparto.
- **Inmovilizado intangible.** En este grupo se encontrarán los bienes intangibles y los derechos. La patente que explota la empresa, los dominios de internet o la concesión del ayuntamiento que nos da derecho a poner un kiosco de helados en verano son algunos ejemplos de lo que nos encontraremos aquí.
- **Inmovilizado financiero.** Está formado por todas las entregas de dinero que ha realizado la empresa y que espera recuperar a largo plazo. Algunos ejemplos serían la adquisición de acciones de otra empresa con el fin de participar en ella, la fianza entregada al arrendador cuando firmamos el contra-

to de alquiler de la oficina o el préstamo otorgado a un trabajador para la compra de su vivienda.

El activo corriente se subdivide en los siguientes grupos :

- **Existencias.** Los materiales del almacén, mercaderías, materias primas, productos semiterminados y terminados, proyectos en curso, etc. De todos ellos esperamos que en el corto plazo sean vendidos y cobrados, por lo tanto, consideramos que se van a convertir en dinero antes de un año.
- **Realizable.** Principalmente en este subgrupo encontraremos derechos de cobro sobre clientes que esperamos ingresar en breve. También veremos derechos de cobro sobre otros deudores, inversiones financieras a corto plazo, fondos de inversión, acciones de bolsa, etc. Todo ello, con la posibilidad y previsión de que en un corto periodo de tiempo se conviertan en dinero.
- **Disponible.** De trata de lo más líquido que vamos tener en la empresa, es decir, el propio dinero. Lo podemos encontrar en la cuenta corriente del banco, depósitos a la vista y en metálico o en la caja.

Cuadro del activo de la empresa

COMPOSICIÓN DEL ACTIVO		
Inmovilizado	**Material**	Inmuebles, instalaciones, maquinaria, etc.
	Inmaterial	I+D, marcas, software, patentes, fondo de comercio, etc.
	Financiero	Préstamos, cartera de valores, fianzas
Activo corriente	**Existencias**	Comerciales: mercaderías Industriales: materias primas y auxiliares, productos en elaboración y terminados Servicios: proyectos en curso
	Realizable	Derechos sobre clientes y deudores Pagos anticipados Inversiones financieras temporales
	Disponible	Caja Bancos

Composición del patrimonio neto más pasivo

En el patrimonio neto más pasivo vamos a tener la relación de las obligaciones de la empresa. Al igual que en el activo, haremos una lista con esas obligaciones y las colocaremos en orden, en este caso según el criterio de exigibilidad, es decir, pondremos primero aquellas obligaciones que se tengan que hacer efectivas más tardiamente y posteriormente aquellas que venzan antes y que, por lo tanto, vamos a tener que pagar en breve. Con todas estas obligaciones haremos tres grupos:

- **Patrimonio neto** o recursos propios. Son las obligaciones que la empresa tiene con los socios. El patrimonio neto está formado por el capital aportado por los socios, así como el beneficio generado que no se reparte. La característica fundamental de los recursos propios es que no son exigibles, es una obligación con unas personas, los socios, que no tienen el derecho de ir a la empresa a exigir su dinero, por lo tanto, no tienen fecha de vencimiento.

- **Pasivo no corriente** o deuda a largo plazo. Está compuesto por deudas con terceros -el banco, prestamistas y otros acreedores- que no hay que devolver a corto plazo. La característica fundamental del pasivo no corriente es que es exigible a largo plazo. No nos tendremos que preocupar, por lo tanto, de esta deuda en los próximos doce meses.
- **Pasivo corriente**, también llamado pasivo circulante o deuda a corto plazo. Son las obligaciones contraídas por la empresa que hay que pagar en los próximos doce meses. Bancos, proveedores, trabajadores, administraciones públicas, otros acreedores, en definitiva, toda deuda exigible a corto plazo. Es muy importante tenerlo bien vigilado con el fin de disponer del dinero necesario para pagar en el momento en que venza cada una de las obligaciones.

Cuadro del pasivo de la empresa

En el siguiente cuadro tenemos la representación del pasivo, con sus tres grupos de obligaciones ordenadas según su exigibilidad y las deudas más habituales clasificadas en su grupo correspondiente.

COMPOSICIÓN DEL PATRIMONIO NETO + PASIVO

Masa	Grupo	Partidas	Titular	Plazo
Patrimonio neto	**Capital**	Constitucional Ampliaciones	**Recursos propios**	**Recursos permanentes**
	Reservas	Legal Estatutaria Voluntaria		
	Resultados	Remanente Resultado corriente		
Pasivo no corriente	**Acreedores a largo plazo**	Créditos y préstamos Fianzas recibidas Otros acreedores	**Recursos ajenos**	
Pasivo corriente	**Proveedores**	De explotación De inmovilizado		**Deuda a corto**
	Otros acreedores	Créditos y préstamos Otros acreedores		

Agrupamos el patrimonio neto más pasivo según el siguiente criterio:

- Según el titular de la deuda, a quién se le debe:
  - **Recursos propios.** Obligaciones de la empresa con los propios socios. Representa los fondos que no hay que devolver, cuanto mayor sea esta masa y más peso tenga dentro del patrimonio neto más pasivo, mayor financiación propia tendrá y menos obligaciones de pago, por lo tanto, más altas serán las posibilidades de captar nueva financiación. Quien vaya a prestar dinero a la empresa verá que los socios han puesto una buena parte de la financiación del negocio.
  - **Recursos ajenos.** Deudas con terceros. Cuanto mayor sea este grupo y más peso tenga dentro del patrimonio neto más pasivo, más endeudada estará la empresa, lo que implicará que su funcionamiento estará condicionado por los vencimientos de esa deuda y sus intereses. Su

capacidad de financiación, de endeudarse más, estará limitada.

- Según su vencimiento. También se dice según la calidad de la deuda:
  - **Recursos permanentes.** Obligaciones que no hay que pagar en los próximos doce meses. Por lo tanto, no habrá que tenerlas vigiladas día a día. En este grupo estará el patrimonio neto, que no es exigible, y el pasivo no corriente, es decir, la deuda a largo plazo.
  - **Deuda a corto.** Obligaciones que vencen en los próximos doce meses. Esta deuda deberá ser vigilada de cerca con el fin de prever sus próximos vencimientos y así disponer del dinero para pagarla. Cuanto mayor sea la deuda a corto y más peso tenga dentro del patrimonio neto más pasivo de la empresa, mayor necesidad de generar dinero tendremos. Una excesiva deuda a corto con una capacidad limitada de generar liquidez llevará a la empresa en el corto plazo a no poder pagar.

El objetivo de los gestores de las empresas es pagar puntualmente todas las obligaciones contraídas, de ahí la importancia de financiar adecuadamente el negocio. Resulta por lo tanto imprescindible, en primer lugar, conocer bien las herramientas de financiación a las que se puede acceder y después ser capaces de elegir la más adecuada para cada caso y situación.

Resumen

El balance de situación es el conjunto de bienes, derechos y obligaciones de los que es titular un sujeto en un momento determinado. Se presenta desde una doble perspectiva:

- **El activo** o lo que la empresa tiene: bienes y derechos
- **El pasivo** o lo que la empresa debe: las deudas y el capital

Los elementos que constituyen el activo los ordenamos según el criterio de liquidez y los reunimos en dos grandes grupos:

- **Activo no corriente o inmovilizado.** Reúne aquellos elementos que no se van a convertir en dinero en el próximo año
- **Activo corriente.** Conformado por los bienes y derechos que sí se van a convertir en dinero en los próximos doce meses

El patrimonio neto más pasivo relaciona las obligaciones de la empresa según el criterio de exigibilidad y lo hace en tres grupos:

- **Patrimonio neto**, son los fondos no exigibles, capital y reservas
- **Pasivo no corriente**, obligaciones exigibles a largo, deudas que vencen después de un año
- **Pasivo corriente**, obligaciones exigibles a corto plazo, conformado por las deudas de la empresa que habrá que pagar en los próximos doce meses

Representar gráficamente el balance resulta muy útil, ya que de un vistazo percibimos el peso de cada una de las masas patrimoniales:

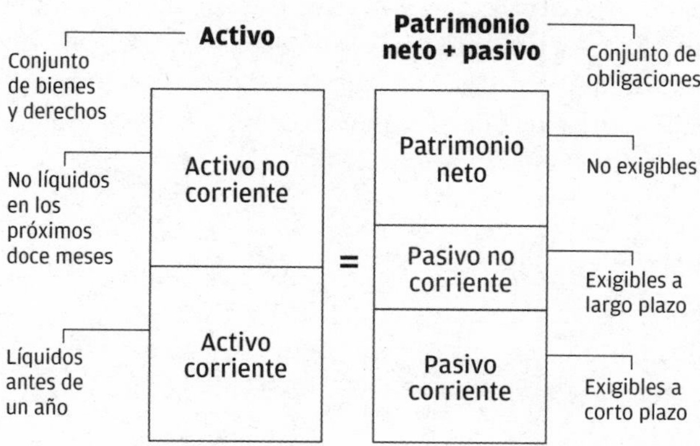

3. Lo que gano o lo que pierdo

Hemos realizado la contabilidad de la empresa, hemos registrado los hechos económicos que han ido sucediendo día a día y ahora obtenemos esa información ordenada para que nos resulte útil.

Por un lado, el balance de situación, visto en el capítulo anterior, representa la situación patrimonial de la empresa, lo que tiene y lo que debe en un momento determinado. El balance es un concepto estático, como una fotografía. Todos los profesores de contabilidad utilizan este ejemplo ya que nuestro balance corresponde a un momento, a una fecha y, mañana, dentro de un mes o de un año, si volvemos a obtener otro balance será diferente del anterior.

La cuenta de pérdidas y ganancias

Sin embargo, la cuenta de pérdidas y ganancias, también llamada cuenta de resultados, no corresponde a un momento determinado sino a un periodo de tiempo, como una película. De este modo, podemos hablar de la cuenta de pérdidas y ganancias del ejercicio 2012. No obstante, podemos obtener, y es muy conveniente, cuentas de resultados de periodos inferiores: del segundo trimestre o cuatrimestre o del mes de febrero.

Sólo contiene ingresos y gastos y su diferencia será el resultado del periodo. Si es positivo, tendremos beneficios y si es negativo estaremos ante pérdidas.

En la cuenta de pérdidas y ganancias no encontraremos cobros, ni deudas, ni inversiones, ningún flujo monetario, sólo ingresos y gastos, recuerda su concepto. No nos planteamos si estos ingresos y gastos han sido pagados o cobrados, por lo tanto, el resultado, beneficio o pérdida es un concepto contable, no monetario. Es decir, si ha habido un beneficio de 50.000€, no quiere decir necesariamente que en la cuenta corriente de la empresa haya 50.000€, podrá haber más o menos, no lo sabemos, ya que el concepto de beneficio nada tiene que ver con las entradas y salidas de dinero.

El objeto de confeccionar la cuenta de pérdidas y ganancias no es sólo ver el volumen de ingresos y gastos y si la empresa ha obtenido un resultado positivo o negativo durante el periodo; el objetivo va más allá y lo que trata es de estudiar cómo se ha generado ese resultado. Este estudio nos resultará útil para muchas cuestiones, como por ejemplo, calificar la gestión de los responsables de la empresa, determinar los errores cometidos y aprender de ellos, o tomar decisiones para en el futuro mejorar el resultado. Para realizar estos análisis es necesario distinguir distintos tipos de ingresos y gastos.

Tipos de ingresos

Encontraremos tres grandes tipos de ingresos:

- **Ventas o prestaciones de servicios.** Son los propios de la actividad de la empresa, también se denominan ingresos de explotación. Si una empresa se dedica a fabricar y vender abanicos de colores, los ingresos de explotación vendrán determinados por la venta de los abanicos de colores.

  No obstante, una empresa puede tener varias fuentes de ingresos de explotación. Por ejemplo, un concesionario de vehículos, por un lado venderá coches, por otro, repuestos y accesorios y también prestará servicios de reparación y puesta a punto. Son tres fuentes de ingresos bien diferenciadas y todas ellas propias de su actividad.

- **Ingresos extraordinarios o atípicos.** Son aquellos que no tienen que ver con la actividad de la empresa, no son ingresos constantes y normalmente tampoco son previsibles.

Si un despacho se dedica a prestar servicios jurídicos, el beneficio generado por la venta de un local propiedad de la empresa será un ingreso extraordinario. No es constante, se ha producido de una forma excepcional y tampoco es previsible, si bien la decisión de la venta se pudo tomar hace un tiempo mayor o menor, el precio al que se conseguiría vender ha sido una incógnita hasta que se ha materializado la operación.

- **Ingresos financieros.** Son los que tienen su origen en la cesión de capital a terceros, normalmente hacemos referencia a los intereses que la empresa recibe del banco, pero los ingresos financieros son más que los intereses.

  La adquisición de acciones de otra empresa, bien sea cotizada en bolsa o no, puede generar ingresos financieros a través de los dividendos que reparta por el beneficio generado. No sólo eso, sino que cuando vendamos esas acciones podremos obtener ganancias patrimoniales y esto también son ingresos financieros.

  La adquisición de bonos u obligaciones de renta fija nos generará ingresos financieros por los cupones periódicos y las primas. Los fondos de inversión, sin embargo, los generará por la diferencia entre la venta y la compra de sus participaciones.

Tipos de gastos

Si bien tenemos tres tipos de ingresos, vamos a encontrarnos cinco tipos de gastos:

- **Aprovisionamientos o coste de las ventas.** Aquí nos vamos a encontrar con lo que han costado los bienes y servicios que la empresa comercializa.

  Si se trata de una empresa industrial –que transforma productos– los aprovisionamientos serán la materia prima que adquiere y todos los costes asociados directamente a la producción que hacen posible transformar esa materia prima en un producto terminado.

Si estamos ante una empresa comercial, es decir que vende el mismo producto que compra sin transformarlo, el gasto de aprovisionamiento será la adquisición de la mercancía, el transporte y algunos más, como derechos de aduanas, seguros, etc.

Sin embargo, si se trata de una empresa de servicios, los costes de aprovisionamiento serán los necesarios para prestar el servicio bien sea mediante personal propio o ajeno. Si una empresa de formación es adjudicataria del concurso para impartir clases en un determinado ayuntamiento y contrata profesores o subcontrata estos servicios a otra empresa, estas contrataciones y subcontrataciones constituirán sus gastos de aprovisionamiento.

No olvidemos que una misma empresa puede tener más de una actividad y éstas ser de diferente naturaleza. Una empresa de instalaciones de aire acondicionado comercializa los aparatos y presta los servicios de instalación, mantenimiento y reparación. Por lo tanto, sus gastos de aprovisionamiento podrán tener diferentes orígenes.

- **Gastos generales de explotación.** Son los gastos necesarios para que la empresa funcione. También se les denomina gastos de estructura.

  Aquí nos encontraremos con alquileres, gastos de reparación, mano de obra indirecta y otros gastos sociales, servicios recibidos, publicidad y marketing, suministros como agua, luz, etc. En definitiva, los gastos de mantenimiento del negocio.

- **Gastos extraordinarios o atípicos.** Son los gastos que no están relacionados con la actividad de la empresa, no tienen que ver con el negocio. Las pérdidas generadas por la venta de un vehículo, la rotura de la luna del escaparate, una inundación o incendio, son gastos extraordinarios.

La característica principal de estos gastos es que son difícilmente previsibles y la única forma de hacer una gestión adecuada de ellos, para que incidan de la menor forma posible en la cuenta de resultados, es el establecimiento de planes de prevención, como el plan contra incendios y el aseguramiento de las contingencias.

- **Gastos financieros.** Son los que se generan por tomar capital de terceros. Todas las aportaciones de dinero que no son las de capital de los socios hay que devolverlas y, en la mayor parte de los casos, retribuirlas. Esa retribución al capital ajeno constituye un gasto para la empresa.

  Los gastos financieros más frecuentes son los derivados de préstamos y créditos bancarios. No obstante, cualquiera puede prestarle dinero a la empresa, un familiar, otra empresa, sea del grupo o no, o incluso los proveedores prestan dinero cuando refinancian los créditos y a partir de la fecha de vencimiento aplican un tipo de interés, o Hacienda cuando le pedimos un aplazamiento para el pago de los impuestos, también cobra un interés.

- **Impuesto sobre el beneficio.** Cuando la empresa hace sus cuentas al final del ejercicio y obtiene un resultado positivo, aparece un socio que viene a buscar una parte de ese beneficio. Ese socio es Hacienda.

  Dependiendo de la forma jurídica de la empresa, el impuesto que le afectará será el impuesto sobre sociedades para sociedades mercantiles, el impuesto sobre las personas físicas para empresarios individuales y sociedades civiles o el impuesto sobre la renta de no residentes para extranjeros que llevan a cabo negocios en España sin estar aquí establecidos.

Por lo tanto, el impuesto sobre el beneficio es un gasto con el que hay que contar y está integrado en un apartado especial dentro de nuestra cuenta de pérdidas y ganancias.

El resultado

La diferencia entre ingresos y gastos es lo que nos va a dar el resultado del periodo. Antes de obtener el beneficio o pérdida total combinaremos ingresos con gastos. De esta manera iremos obteniendo resultados parciales que nos resultarán muy útiles para determinar cómo y dónde se genera el resultado de la empresa. Veamos algunos conceptos:

- **Margen bruto.** La diferencia entre las ventas propias de la actividad de la empresa y lo que ha costado lo que se ha vendido: costes de fabricación o adquisición de los productos o servicios, incluidos los costes logísticos, seguros, derechos de aduanas, etc.

- **Beneficio neto de la explotación.** Si al margen bruto que hemos obtenido le restamos los gastos generales necesarios para mantener el negocio –salario de los dependientes, alquiler de la tienda, luz, teléfono, seguros, etc.– obtendremos el beneficio de la explotación, es decir, el resultado de la empresa por ejercer su actividad.

  El beneficio de explotación, también llamado resultado ordinario, es de vital importancia ya que mide lo que genera la empresa exclusivamente por la actividad propia del negocio. Si una empresa no es capaz que obtener un resultado ordinario positivo mejor será que se dedique a otra cosa, aunque el resultado total de la compañía pudiera resultar positivo.

EDITDA, ese *palabro*

Cuando leemos la información económica de las empresas en la prensa podemos darnos cuenta de que raras veces se hace referencia al beneficio de explotación, sin embargo, el término EBITDA es muy utilizado.

EBITDA –***Earnings Before Interest, Taxes, Depreciation and Amortization***–. Es el resultado de explotación calculado sin tener en cuenta los gastos por depreciación y amortización de los activos. Es un concepto importado del que no hay referencia, ni homólogo en la normativa contable española; sin embargo es, sin duda, un término ya de sobra extendido y un tanto de *moda* en el lenguaje financiero.

El EBITDA hace referencia al resultado de explotación, busca determinar lo que genera actividad propia del negocio principal de la empresa; no obstante, excluye las amortizaciones, un gasto necesario para la actividad que tiene unas características muy concretas.

Las amortizaciones representan la pérdida de valor de los bienes de inversión. La depreciación de la furgoneta, el desgaste de la maquinaria, la pérdida de valor de los ordenadores. ¿Cuánto se desgasta una herramienta? Depende de su uso, de quién y cómo se esté utilizando, de las condiciones en las que trabaje; en definitiva, de muchos factores. Valorar su desgaste, su pérdida de valor, es realmente difícil, por tanto, es un gasto bastante subjetivo, complicado de determinar y difícilmente comprobable.

En definitiva, lo que el EBITDA pretende es obtener una imagen más fiel de lo que la empresa gana o pierde por el ejercicio de su actividad exclusivamente, de ahí que sólo tome los gastos del negocio que son ciertos y que efectivamente se van a pagar.

Tener esta visión del resultado de explotación tiene sus ventajas: es una mejor aproximación a la caja que genera la actividad, lo que permite compararlo con la deuda pendiente. Sin embargo, también tiene el gran inconveniente de menospreciar un gasto que para muchas empresas puede representar uno de los mayores para su negocio, por lo que el resultado de explotación quedaría totalmente desvirtuado. ¿Imaginas la cuenta de explotación de Renfe sin las amortizaciones de sus trenes e instalaciones?

- **Beneficio antes de intereses e impuestos.** El beneficio de explotación no es todavía el resultado total del periodo, falta sumarle el resultado extraordinario, el financiero y restarle la incidencia fiscal.

  El resultado extraordinario está formado por los ingresos y gastos ajenos a la actividad de la empresa. Este resultado extraordinario puede ser positivo o negativo, por lo que el beneficio antes de intereses e impuestos puede ser superior o inferior al beneficio de explotación.

- **Beneficio antes de impuestos.** Ahora aplicamos el resultado financiero, fruto de la suma de los ingresos percibidos por ceder capital a terceros, menos los gastos sufridos por tomar capital de terceros.

  El resultado financiero también puede ser positivo o negativo, sin embargo lo habitual es que sea negativo. Eso se explica porque las empresas suelen ser más tomadoras de capital que cedentes de dinero. Además, el dinero que toman se lo suelen retribuir a un precio superior del precio al que le remuneran el capital que ceden.

- **Resultado neto.** Para completar la cuenta de resultados sólo falta restar la incidencia fiscal. Únicamente en casos excepcionales, cuando se reconoce un crédito fiscal a favor de la empresa, puede ser positiva.

Una vez completada la cuenta de resultados, serán los socios o propietarios de la empresa los que decidirán qué hacer con él y como aplicarlo. Si el resultado es positivo –es decir, si hay beneficio–, los socios o propietarios tienen dos opciones, o bien lo dejan en la empresa –lo denominamos reservas–, o bien deciden repartirlo, lo que implica que salga de la entidad –lo llamamos dividendos–. También pueden decidir una combinación de ambas opciones, lo que es muy habitual, una parte se queda en el empresa y otra la reparten.

No obstante, si el resultado es negativo no hay nada que repartir, todo lo contrario, las pérdidas minorarán las reservas acumuladas en ejercicios anteriores y quedarán a la espera de ser absorbidas con futuros beneficios o ampliaciones de capital.

Resumen

La Cuenta de Pérdidas y Ganancias, también llamada Cuenta de Resultados, recoge los ingresos y gastos de un periodo y su diferencia será el beneficio o pérdida de ese periodo. Nuestro objetivo va a ser estudiarla con el fin de conocer cómo se ha conformado el resultado y poder así tomar las decisiones más apropiadas de cara el futuro.

Nos encontraremos con tres tipos de ingresos:

- **Ventas o prestaciones de servicios.** Son los propios de la actividad de la empresa, también se denominan ingresos de explotación.
- **Ingresos extraordinarios.** Aquellos que no tienen que ver con la actividad de la empresa.
- **Ingresos financieros.** Los que tienen su origen en la cesión capital a terceros.

Y cinco tipos de gastos:

- **Aprovisionamientos o coste de las ventas.** Lo que ha costado producir o adquirir los bienes o servicios que la empresa ha vendido.
- **Gastos generales de explotación.** Aquellos necesarios para que la empresa funcione.
- **Gastos extraordinarios.** Aquellos que no tienen que ver con la actividad de la empresa.
- **Gastos financieros.** Los que tienen su origen en tomar capital a terceros.

- **Impuesto sobre el beneficio.** La parte del beneficio con la que se contribuye a las arcas del Estado

Si combinamos ingresos y gastos de la misma naturaleza obtendremos los diferentes márgenes parciales que conformarán la cuenta de resultados. Veamos su estructura:

\+ Ventas o prestaciones de servicios
\- Coste de las ventas
= Margen bruto

\- Gastos de explotación
= Beneficio neto de la explotación

\+ Ingresos extraordinarios
\- Gastos financieros
= Beneficio antes de intereses e impuestos (BAII)

\+ Ingresos financieros
\- Gastos financieros
= Beneficio antes de impuestos (BAI)

\- Impuesto sobre el beneficio
= Resultado neto

Además del resultado neto, la parte más significativa de la cuenta de pérdidas y ganancias es lo que llamamos la cuenta de explotación, que mide el resultado de la actividad propia de la empresa –desde las ventas al beneficio neto de la explotación–.

4. La fuerza de lo sencillo

Ahora que ya tenemos el balance de situación y la cuenta de pérdidas y ganancias, ¿cuál es el siguiente paso?

Tener un objetivo claro y ser conciso va a evitar la distracción en datos inútiles y, sobre todo, ahorrará las conclusiones ininteligibles, que es, lamentablemente, lo que de forma más habitual nos vamos a encontrar en la mayor parte de los informes de empresa.

El proceso que hemos de seguir a la hora de interpretar las cuentas de una empresa ha de ser sencillo y basado en el sentido común. Partirá de unos objetivos bien definidos para llegar a unas conclusiones: ¿qué quiero saber?, ¿dónde busco la información? y ¿cómo la interpreto?

Para interpretar las cuentas de una empresa siempre vamos a seguir el esquema en esta dirección: definición de objetivos, búsqueda de información, interpretación y conclusión. Por favor no lo hagáis nunca al revés.

Un error muy frecuente a la hora de analizar las cuentas es tomar los balances y las cuentas de resultados y comenzar a extraer cifras, calcular ratios, comparar datos e ir tratando de interpretarlo todo sin un rumbo fijo. Al final nos encontramos con muchos cálculos inútiles, muchos datos, cifras y palabrejas que suenan muy bien pero sin conclusiones útiles. En definitiva, nos quedamos sin saber lo que realmente queríamos saber. Esto es lo que le sucedió a mi amigo José, que tras un complejo análisis de las cuentas de su empresa no lograba enterarse realmente de lo que quería saber hasta que las cosas se hicieron sencillas, entonces todo cambió.

La rentabilidad de dos cervezas

Pasaban de largo las diez de la noche cuando José Carnicer echaba el cierre de la tienda, pero antes de ir a casa había quedado a tomar algo con Nuria, una amiga a la que quería mostrarle el informe que le había encargado a Davidsen Consulting, la gran consultora internacional que llevaba las cuentas de la empresa de José.

La familia Carnicer había iniciado su andadura empresarial hacía 30 años. Cuando José se incorporó a la gerencia del negocio, desarrolló una marca de ropa para jóvenes y, con el surgimiento de los grandes centros comerciales establecieron tiendas, tanto propias como franquiciadas, en gran parte de ellos. Las cosas iban saliendo adelante y ahora tenían en proyecto abrir tres nuevos puntos de venta y renovar las máquinas de la fábrica, con el fin de hacer mucho más ágil la respuesta a las nuevas tendencias de la moda cada día más cambiante y sorprendente.

La inversión suponía un esfuerzo importante y necesitaba financiación, alguien que apostara por el proyecto y que prestara el dinero necesario para ponerlo en marcha. José elaboró un completo dossier y lo presentó a los bancos con los que habitualmente trabajaba. Su sorpresa fue mayúscula cuando se encontró con la respuesta de los bancos que, sin negarle la financiación, le pedían garantías personales y las condiciones no eran las mismas a las que estaba acostumbrado.

Entre sorprendido e indignado, José no podía entenderlo, su empresa había tenido un crecimiento continuo año a año desde que él tenía uso de razón, siempre con un beneficio más que razonable que había sido reinvertido íntegramente. En cualquier caso, estaba decidido a sacar su proyecto adelante. Se puso en contacto con Davidson Consulting para que le hicieran un análisis de las cuentas con el fin de conocer exactamente la debilidad por la cual se le dificultaba la financiación.

Una semana después fue citado en la elegante oficina de la consultora. Tras una breve conversación de cortesía, se sentaron y el consultor abrió un dossier de unas sesenta páginas que sacó de su abultado portafolios. Tras el índice se encontraban los aspectos preliminares, la historia de la empresa, el objeto del proyecto, un análisis de la situación macroeconómica y la descripción del problema y objetivos de la consulta realizada. Después, las cuentas, balances, pérdidas y ganancias, estados de flujos de efectivo, inventario de inmovilizado, estado de cambios en el patrimonio neto, memoria, etc. Total, hasta ahora, cincuenta folios de nada nuevo. En el siguiente apartado gráficos en varios colores y para el final, las conclusiones, el apartado que estaba esperando con ansiedad, la razón que justificaba su presencia allí. El veredicto fue el siguiente:

—Tras el análisis de la situación economicofinanciera podemos observar que la expansión del negocio ha sido sostenible durante los últimos ejercicios, la diversificación de la empresa junto con la razonable gestión de los activos han posibilitado el crecimiento ejercicio tras ejercicio del EBITDA. El ROI -*Return On Investments*- se ha situado dos puntos por encima de la media de su sector y el ROE -*Return* On Equity- arroja una rentabilidad elevada.

Hasta ahora José no había entendido nada pero tenía la confianza de que en las próximas palabras iba por fin a descubrir el motivo de sus desvelos, por qué el banco le estaba poniendo dificultades para prestarle el dinero.

—El *working* capital ha ido aumentando año tras año y los ratios de liquidez han permanecido estables. La calidad de la deuda se ha deteriorado debido a que el periodo medio de maduración ha ido creciendo con el tiempo. En definitiva, no hay razones de peso que justifiquen que las entidades financieras nieguen el crédito solicitado, sin embargo sería conveniente que se aumentara el patrimonio neto, bien vía aumento de capital, bien esperando un crecimiento orgánico del mismo.

Cuando salió de allí, José no se lo podía creer, no había entendido nada de lo que habían explicado, lo estudiaría detenidamente en el despacho, pero, sinceramente, no confiaba llegar a entenderlo. Unos días más tarde llamó a Nuria. Quería contarle lo que había pasado y pedirle opinión, saber si había algo que hacer o si todo sería inútil. Se encontraron en un bar y, tras pedir un par de cervezas en una mesa alejada, Nuria hojeó el informe mientras escuchaba atentamente a José. Se centró en las cuentas, y comentó:

—Las inversiones que se han ido haciendo a lo largo del tiempo, la apertura de nuevas tiendas, las distintas ampliaciones de la fábrica, etc., han sido más rápidas que el beneficio que han ido generando. Al final, más beneficio, pero mucha más deuda pendiente de pagar y el banco ahora pone problemas para prestarte más dinero; no quiere que te endeudes más hasta que las inversiones realizadas no hayan madurado y generado el dinero suficiente para reducir la deuda que ya tienes.

—¿Y ahora qué?, —preguntó José—, ¿quiere decir eso que nos tenemos que estancar, que no podemos llevar a cabo el proyecto?

—Eso quiere decir que no debes aumentar la deuda. Una opción es esperar y realizar el proyecto en varios pasos dando tiempo a que puedas financiarlo total o parcialmente con el dinero que genere el beneficio de la actividad que ya tienes; y la segunda opción es buscar en el activo inversiones que no estén produciendo lo suficiente, venderlas y con esos fondos financiar el proyecto.

—La nave que dejamos cuando cambiamos la fábrica no la utilizamos, está llena de expositores y maniquíes pasados de moda que no vamos a usar y que, por no tirarlos, los tenemos allí guardados.

—Si esa nave, que está totalmente pagada, la vendéis, puedes obtener el dinero suficiente para acometer el proyecto y si te faltara una parte, seguro que el banco no te pondría problemas para financiártelo.

José estaba boquiabierto, aquella cerveza había sido la inversión más rentable de su vida. Quería preguntarle a Nuria cómo había sido capaz de tener una visión tan clara en tan poco tiempo, pero no se atrevía. No obstante, tuvo la suerte de que fuera ella quien iniciara la conversación.

—Lo mejor que podrías hacer es aprender tú mismo a interpretar las cuentas de la empresa. Conoces a fondo su pasado, sabes mejor que nadie lo que hay y lo que no hay en ella, las posibilidades que existen etc.

—Pero, yo no tengo estudios, —contestó José—, he trabajado en el negocio desde que terminé el colegio, lo que sé es porque lo he aprendido dándome coscorrones.

—Precisamente los coscorrones son la herramienta más útil para aprender, —replicó Nuria—, todo esto es mucho más fácil de lo que te imaginas, sólo necesitas a alguien que te enseñe de forma sencilla a manejar los conceptos que necesitas y sólo los que necesitas y, después, práctica, práctica y práctica.

José estaba cada vez más sorprendido ante aquella mujer, no se imaginaba a sí mismo mirando las cuentas de su empresa y pudiendo ver más allá de los cuatro datos que conocía, pero ella lo había hecho tan fácil que sin duda merecía la pena intentarlo.

Hay una parte de la historia de José Carnicer que no se debe contar en un libro como este pero que, si te interesa, la puedes descubrir en: http://www.joaquinpuerta.com/2013/01/carnicer

---

Lo que quiero saber y no más

Cuando analizamos e interpretamos las cuentas, lo que buscamos es determinar su situación economicofinanciera, es decir, cuál es esta situación en la actualidad y cómo se ha llegado a ella. En definitiva, nos interesa ver la evolución con el fin de establecer una tendencia y poder prever hacia dónde se dirige de forma natural, para tener la oportunidad de tomar decisiones con el fin de potenciar o corregir esa tendencia hacia el futuro, si fuera necesario o conveniente.

La situación económica no es lo mismo que la situación financiera, son dos conceptos diferentes pero relacionados. La situación económica es la capacidad que tiene la empresa para generar beneficios. Representa la actividad del negocio y su razón de ser –ganar dinero–. En este contexto y para determinar la capacidad de generar beneficio, estudiaremos fundamentalmente la cuenta de resultados. Es ahí donde tenemos todos los márgenes, resultados parciales y resultado neto. La cuenta de resultados es la herramienta donde podremos ver cuál es el origen del beneficio y cómo se ha ido generando paso a paso.

Sin embargo, la situación financiera hace referencia a un concepto diferente, que consiste en la capacidad de la empresa para hacer frente a sus obligaciones de pago. El balance va a ser la principal fuente de información, ya que en el pasivo se encuentran relacionadas todas las deudas de la empresa y en el activo los bienes disponibles para hacerles frente.

La situación economicofinanciera de la empresa

Situación económica	Situación financiera
Capacidad de la empresa para obtener beneficios	Capacidad de la empresa para hacer frente a sus obligaciones de pago
Cuenta de resultados	Balance de situación

Tenemos por lo tanto que formularnos estas dos preguntas antes comenzar a analizar las cuentas de cualquier empresa:

- ¿Cuál es su capacidad para generar beneficios?
- ¿Cómo es su capacidad para hacer frente a sus obligaciones de pago?

Cualquier información que no vaya directamente relacionada con estas dos preguntas estará de más y lo único que conseguiría sería desviarnos de nuestro objetivo y complicar innecesariamente un análisis que puede llevar a unas conclusiones menos claras, más difusas y, por lo tanto, menos útiles.

Las respuestas que vamos a encontrarnos

Cuando nos hacemos estas dos preguntas analizamos la información y obtenemos respuestas claras, tendremos concretada la situación economicofinanciera de la empresa. Nos podremos encontrar entonces con diferentes situaciones:

- Empresas capaces de generar beneficio, con un futuro prometedor y que, a su vez, no tendrán problemas para pagar sus obligaciones.
- Empresas incapaces de hacer viable su negocio y con dificultades para hacer frente a sus compromisos de pago.

Una vez aclarados los conceptos es posible que nos preguntemos si podemos encontrar empresas con una buena situación económica y una mala situación financiera. Para ilustrar este interrogante conoceremos la historia de dos empresas. Por favor, léelas teniendo en cuenta las dos respuestas que buscamos y, cuando termines evalúa a ver si eres capaz de determinar su situación economicofinanciera.

Arcade Técnico

Para Antonio la función comercial es primordial, ser capaz de moverse y conseguir nuevos contratos sin esperar a que le lleguen, es la base de su filosofía de empresa. Con mucho trabajo y esfuerzo, Arcade Técnico, la empresa de su propiedad, va creciendo y llega a reunir en sus filas a cuarenta personas entre ingenieros y personal de apoyo. Las cosas van bien, el dinero entra en la empresa y Antonio decide aprovechar el tirón comprando en 2006 una oficina espectacular en una zona empresarial emergente.

Para realizar esta adquisición, lejos de deshacerse de su antigua oficina en la capital, decide financiarla al 100%, por lo que la cantidad a pagar al mes es bastante importante. Una flotilla de vehículos y el nuevo y complejo sistema informático constituyen las principales inversiones sobre las que recaen varios contratos de *leasing* a los que mes a mes hay que hacer frente. Además, Antonio decide regalarse un vehículo de lujo del que se había encaprichado hacía tiempo, eso sí, financiado también por la empresa.

Las primeras señales de alarma comienzan a llegar con el inicio de la crisis pero, lejos de amilanarse, Antonio refuerza su función comercial y consigue más proyectos aprovechando programas y presupuestos que ya estaban en marcha. Pero los problemas llegan con los impagos, clientes a los que se les hizo trabajos de cierta envergadura se retrasan en los pagos y esto provoca la necesidad de aumentar la financiación corriente con el fin de atender puntualmente las obligaciones con proveedores y colaboradores.

Ahora la crisis es ya profunda y generalizada, los proyectos y presupuestos se han recortado o cancelado: ya no es tan fácil conseguir contratos. No obstante, se sigue trabajando a buen ritmo y el negocio continúa generando ingresos más que suficientes para mantener la actividad. El verdadero problema está en los impagos. En un sector donde el cliente último son constructoras, ayuntamientos y otros organismos públicos, se generaliza eso de «si no cobro, no puedo pagar» y Arcade Técnico, que se encuentra en esa cadena, sufre las consecuencias de los retrasos en los cobros y los concursos de acreedores.

Ante esta situación, Antonio se ve obligado a incrementar su financiación hasta que los bancos «le cierran el grifo». Entonces se recurre al aplazamiento de los impuestos y a retrasar pagos a sus proveedores. El ambiente se vuelve asfixiante. En ese momento decide poner a la venta el patrimonio inmobiliario, tanto de la empresa como el suyo personal. Hace indagaciones y se da cuenta que el mercado está colapsado y que el dinero que conseguiría por buena parte de los inmuebles apenas alcanzaría a cubrir la deuda que los financia

---

A estas alturas ya sabrás cuál es la situación economicofinanciera de Arcade Técnico; un negocio capaz de generar beneficios y , sin embargo, con serias dificultades para hacer frente a sus obligaciones de pago. Por lo tanto, nos encontramos con una empresa que tiene una buena situación económica y una mala situación financiera que bien le puede llevar al cierre.

La historia que viene a continuación es bien diferente, mi propuesta es que se lea sin perder de vista el objetivo que buscamos.

Andrés Cabello

En los años 70 Andrés Cabello instaló un negocio de venta y reparación de máquinas de escribir en el centro de Madrid. Alquiló un pequeño local con un modesto escaparate y pronto se dio a conocer en la zona y más allá de ésta como un servicio técnico de referencia. El negocio creció, contrató aprendices a los que enseñó los entresijos de esos aparatos y dependientes que despachaban los nuevos modelos de Olivetti que salían al mercado como el último grito en tecnología de oficina.

Del local alquilado se pasó a otro en propiedad y, en unos años, a abrir una sucursal en la nueva zona pujante de la calle Orense. Del crecimiento inicial de los primeros años, la actividad pasó a estancarse; la crisis de los 80, el acomodamiento de alguien que no había hecho otra cosa en su vida que trabajar duro y sobre todo la aparición y popularización de los ordenadores que irrumpían con fuerza en las oficinas de nuestro país fueron los principales culpables de que el negocio tocara techo. La empresa dio entonces un giro necesario y las impresoras matriciales pasaron a acompañar a las máquinas de escribir en su catálogo de venta, pero aquello no era lo mismo, aquellos nuevos aparatos que hacían un ruido infernal no tenían el romanticismo de las sofisticadas Olivetti.

Poco a poco el negocio fue decayendo. En la actualidad el local de la calle Orense está alquilado a un restaurante de comida rápida y en la tienda todavía se venden máquinas de escribir para nostálgicos y se reparan las pocas impresoras que merecen la pena ser reparadas.

Andrés, solo y sin hijos, pasa el día en la tienda con sus empleados ocupándose más de echar la partida con los vecinos en el bar de enfrente, que de potenciar el negocio por un dinero que no necesita.

Imagino que habrás adivinado que la empresa de Andrés no tiene una buena situación económica, su capacidad para obtener beneficios es escasa o nula; si es capaz de generar lo suficiente como para pagar a sus empleados, se conforma, y si no, utiliza el alquiler que le pagan por el otro local. Sin embargo, su situación financiera es muy buena, no le debe nada a nadie, los inmuebles hace tiempo que están completamente pagados y acumula dinero suficiente como para pagar al contado a los proveedores si quisiera.

Encuentra algo más que respuestas

Hemos visto cómo puede haber empresas con una buena situación económica y una mala situación financiera, como Arcade

Técnico, que precisarían de una reestructuración de su deuda y podría ser viable. Hemos visto también la historia de Andrés Cabello y cómo actualmente no tiene una buena capacidad para generar beneficios pero sí para hacer frente a sus obligaciones de pago y que podría obtener recursos, propios o ajenos, si quisiera invertir en reestructurar y relanzar el negocio.

Estas historias que he contado y tantas y tantas que conoces de empresas nos llevan a sacar conclusiones sobre la situación economicofinanciera de las empresas. La historia de una empresa la podemos leer de la misma forma, o de forma parecida, en los balances, simplemente mirando sus cuentas.

Solamente tendremos que aprender a leer el lenguaje de las cifras y no sólo podremos ver beneficios, inversiones y deudas, si no que, si sabemos leer bien, podremos conocer la historia de una empresa más allá de los fríos números ya que, en las cuentas de las empresas, sobre todo en las de las pequeñas, muchas veces están reflejados los detalles de su pasado, hechos que han sucedido e incluso podremos ver cómo en esas cuentas queda impregnada la propia personalidad de quienes las dirigen.

Te pido que te olvides de los prejuicios sobre el análisis de balances, su complejidad, frialdad o sinsentido y te insto a que pienses que esos balances sólo reflejan la historia del trabajo duro de gente que aspiraba a alcanzar un éxito que tú vas a ser capaz de descubrir si consiguieron o no.

Resumen

- **Objetivos claros y proceso sencillo**
  La cuestión más importante antes de iniciar cualquier proyecto, trabajo o misión es determinar dónde queremos llegar.
- **Lo que quiero saber y no más**
  Existen dos cuestiones que serán las que van determinar la situación economicofinanciera de la empresa. Nuestra mi-

sión será responderlas de una forma breve, clara, concisa y, por supuesto, explicar por qué:

- ¿Cuál es su capacidad para generar beneficios?
- ¿Cómo es su capacidad para hacer frente a las obligaciones de pago?

- **¿Dónde busco la información?**
Teniendo claro qué quiero saber buscaré las respuestas a mis preguntas en el lugar adecuado.

- **Encuentra algo más que respuestas**
En las cuentas buscamos determinar la situación economicofinanciera de la empresa, sin embargo, si sabemos leerlos bien, podremos encontrar su historia más allá de las frías cifras ya que, en las cuentas de las empresas, sobre todo en las de las pequeñas, muchas veces están reflejados los detalles de su pasado e incluso podremos ver cómo queda impregnada la propia personalidad de quienes las dirigen.

5. Las siete claves

Ya tenemos claro lo que queremos; sabemos que cuando hacemos referencia a la situación economicofinanciera de la empresa nos estamos refiriendo a la capacidad de generar beneficios y de hacer frente a las obligaciones de pago de la empresa. También hemos visto que el siguiente paso es disponer de la información y las herramientas necesarias que nos van a ayudar a extraer las conclusiones que buscamos.

Ahora toca definir los siete puntos clave. Pasaremos una por una por siete cuestiones que nos vamos a formular y que iremos respondiendo paso a paso. Cada clave nos va a dar una pista. Una a una por sí sola no hará más que ofrecernos una información sesgada, por lo que necesitaremos interpretar el conjunto de las siete claves dentro de un contexto adecuado para poder sacar las conclusiones definitivas, que es lo que realmente buscamos. Veamos un ejemplo.

¿Qué es más barato Alcampo o Carrefour?

Seguro que alguna vez te has hecho esta pregunta o bien alguna parecida. Todos sabemos que es más caro el supermercado de El Corte Inglés que DIA, incluso sin haber pisado uno de los dos comercios, lo sabemos por su imagen de marca. Pero, ¿qué sucede cuando nos encontramos con dos comercios que tienen una imagen de marca parecida?, ¿Cómo sabemos si Ahorramás es más caro o barato que Eroski?

En nuestra cesta de la compra hay dos grupos de productos, los que teníamos anotados en la lista antes de ir a la tienda y los productos que no estaba premeditado adquirir. Si nos centramos en los productos que sí estaban anotados en la lista veremos que hay un conjunto de ellos que se repiten semana a semana o mes a mes en casi todas nuestras visitas al súper. Cada persona o familia tiene un grupo de productos, el suyo particular, que forma parte de su cesta cada vez que va a la compra.

Un ejemplo claro de estos productos son los pañales. En una familia con algún bebé, el consumo de pañales es importante, su gran volumen no permite almacenar muchos, por lo tanto, cada vez que van a la compra, en su lista no podrán faltar los pañales.

Habrás adivinado ya que toda madre o padre de un bebé que hace la compra tiene clarísimo el precio de los pañales, aunque sólo sea por las veces que ha repetido la misma acción de compra. Si en el mismo establecimiento le suben el precio, se da cuenta, si hacen ofertas de este producto, se da cuenta y por supuesto, si cambia de establecimiento enseguida comparará el precio de los pañales con su precio en otros lugares donde antes los ha comprado.

Pues esta misma acción que se lleva a cabo con los pañales, la hacemos con aquellos productos que cada uno de nosotros compra de forma repetitiva. Por lo tanto, lo que estamos haciendo es un muestreo adaptado a nuestro perfil de compra habitual que nos permite tener una percepción comparativa entre los precios de un establecimiento u otro. Pues bien, lo cierto es que ese ejercicio estadístico tan sencillo e incompleto funciona bastante bien.

Esto mismo es lo que vamos a hacer con nuestro análisis de las cuentas de la empresa; no tenemos que estudiar todas las cifras que se nos presentan; no vamos a calcular todos los ratios posibles, ni vamos a tener en cuenta toda la información que, directa o indirectamente, se puede desprender de los balances. Nos limitaremos a tomar sólo aquella que nos interesa, aquella información que resulta clave para responder a las cuestiones que nos hacemos, al igual que sólo compramos los productos que necesitamos cuando vamos a la compra y no nos llevamos a casa el supermercado entero.

Las siete claves de la empresa

A continuación verás brevemente expuestas las siete claves de las cuentas de la empresa. Cada una de ellas descifrará una parte de las cuentas y va a estudiar un aspecto necesario para determinar la situación economicofinanciera. Sin embargo, será la interpretación del conjunto de las claves –teniendo en cuenta el contexto que las rodea– lo que nos dará la visión más clara de lo que ha sucedido en esa compañía, su actuación actual y hacia dónde puede dirigirse en el futuro.

1. **Cómo es la empresa.** La primera es una clave orientativa, estudiaremos la cifra de negocio y nos fijaremos también en el resultado neto. Observaremos que encontrarnos con un resultado positivo o negativo va a condicionar el resto de nuestro análisis. En esta fase podremos conocer cómo es la empresa a la que nos vamos a enfrentar.

2. **La cascada de márgenes.** La segunda clave se va a centrar en el resultado, tratará de determinar cómo se ha generado, cuál ha sido su origen. Fijarnos en la cascada de márgenes resulta muy sencillo y rápido. Con ello obtendremos una enorme información muy útil para determinar la situación económica actual de la empresa.

3. **La calidad del crecimiento.** La tercera clave nos convencerá de que crecer por crecer no tienen sentido. A través de la cuenta de resultados veremos la calidad del crecimiento de la empresa, es decir, cómo ha sido capaz de defender su beneficio, cuestión primordial en todo negocio.

4. **Lo que gana con lo que tiene.** En la cuarta clave descubriremos que hay algo incluso más importante que el propio benefi-

cio. Se basa en dirigir nuestra atención hacia comparar el resultado con las inversiones de la empresa y determinar si esa proporción es adecuada o no.

5. **¿Comprarías la empresa?** La rentabilidad que ofrece el negocio es lo primero que analizaría cualquier posible inversor. Esta clave, tan sencilla y a la vez tan importante, se podrá desentrañar poniéndonos en los zapatos del dueño del dinero. ¿Y tú, comprarías la empresa?

6. **¿Le prestarías más dinero a esa empresa?** Seguramente solo prestarías a quien tiene capacidad para devolverlo. El negocio, de forma consciente o inconsciente, va cargándose de deudas con terceros hasta llegar a veces a poner en duda su capacidad para devolverlo y, por supuesto, queda limitado su potencial de crecimiento, o incluso la posibilidad de salir de un bache en un momento determinado.

7. **¿Devolverá lo que debe?** En la séptima y última clave sabremos, con un golpe de vista, si la empresa va a poder devolver lo que debe a corto plazo o, si por el contrario, se encontrará con problemas de liquidez.

Llevaremos a cabo el análisis de la empresa haciendo un muestreo de la información contenida en sus cuentas a través de las siete claves. Y cuando las dominemos, aprenderemos el procedimiento para interpretarlas una a una y en su conjunto. Será entonces cuando estarás preparado para hacer un análisis de las cuentas de la empresa de un solo vistazo. Y no sólo eso, sino también ofrecer a cualquiera un diagnóstico acertado y un conjunto de soluciones para mejorar la gestión de la empresa.

Parte II

Las siete claves del secreto

6. Clave 1: Cómo es la empresa y qué buscamos

La primera es una clave orientativa. Va a determinar el tipo de empresa a la que nos vamos a enfrentar, lo que va a facilitar el terreno a la hora de interpretar el resto de las claves y, sobre todo, va a definir el contexto donde ubicar las conclusiones definitivas de conjunto.

Para saber cómo es la empresa y qué buscamos manejaremos dos tipos de información, una numérica, que emana de la cuenta de pérdidas y ganancias, y otra no numérica que hay que buscarla fuera de las cuentas. Comenzaremos por recopilar información extracontable de la empresa:

- **Actividad a la que se dedica.** Es fundamental conocer el objeto del negocio ya que va a condicionar la estructura del balance y la cuenta de explotación.
- **Líneas de negocio que explota.** Dentro la actividad a la que se dedica puede diversificar su negocio en áreas comerciales, industriales, servicios y/u otros.
- **Ámbito geográfico en el que opera.** Es una empresa local, nacional o exporta sus bienes y servicios a otros países.
- **Composición del accionariado.** Si pertenece a un grupo, si es una empresa familiar o si se trata de un negocio personalista, es decir que gira en torno a una sola persona.
- **Origen y trayectoria de la empresa.** Quién la fundó y cuándo, por qué etapas ha pasado y cómo ha llegado hasta el presente.
- **Dirección de la empresa.** Qué tipo de personas dirigen la empresa y si se dedican en exclusiva a dirigir la empresa o también trabajan en ella realizando otras funciones.

- **A quién vende lo que produce.** Cómo lo distribuye, tipo de clientes, composición de su cartera.
- **Imagen de marca y posicionamiento en el mercado.**
- **Cómo obtiene o produce lo que vende**, tipo de proveedores, poder negociación, almacenamiento, etc.
- **En qué condiciones cobra a sus clientes y paga a sus proveedores.**
- **Hechos relevantes** que han sucedido recientemente como despidos, indemnizaciones, litigios, etc.

Ésta no es una lista cerrada, es más bien orientativa. Todos estos factores van a condicionar el funcionamiento del negocio y eso se va a reflejar en las cuentas.

Veamos lo que le pasó a Martín, es una historia realmente curiosa que refleja una situación muy habitual. La entidad financiera con la que la empresa de Martín negocia un crédito hace un análisis de las cuentas sin conocerla y eso le lleva a conclusiones equivocadas.

El inconveniente de mover hierro

Biogex Technical es una pequeña empresa dirigida por Martín y Ricardo, socios e ingenieros, que se dedica al diseño e implementación de proyectos de ingeniería e informatización de organizaciones complejas. Por ejemplo, a la informatización de centros de salud. Hacen posible que el médico desde su consulta tenga acceso desde la pantalla de su ordenador a las radiografías de los pacientes hechas en otros hospitales o que el médico de un ambulatorio rural pueda consultar en tiempo real con un especialista acerca de la ecografía del paciente que tiene delante.

Este tipo de proyectos tiene dos partes, por un lado la ingeniería, aportada por los profesionales de Biogex Technical y por otro, la implantación, que incluye la instalación de los medios necesarios, servidores, enrutadores, terminales, etc., todo ello material muy caro y sofisticado.

Una vez adjudicado el contrato, el proceso es el siguiente: primero se desarrolla el proyecto de ingeniería -en muchos casos Biogex Technical se limita a esta parte-, y después se realiza la implantación, que consiste en la instalación de todos los equipos y la puesta en marcha hasta su correcto funcionamiento.

En esta ocasión Biogex Technical va a ejecutar el proyecto completo, para ello necesita comprar los equipos y la tecnología con el fin de instalarlos. Biogex Technical necesita apoyo financiero para el tiempo que dura la ejecución y desde que se realizan las compras hasta que se cobra.

El día que Martín expuso su proyecto en la entidad financiera, a Mónica le pareció muy interesante y le prometió estudiar la operación. Una vez tuvo toda la información y documentación en sus manos, elaboró su informe y lo pasó al departamento de riesgos, quienes analizaron las cuentas aportadas por Biogex Technical.

Reunidos de nuevo, Mónica tomó la palabra y explicó a Martín:

—El proyecto se ha estudiado con detenimiento: cliente, material que componen las compras previstas, plazos de ejecución, cobro, etc. Por otro lado se ha estudiado a la empresa, trayectoria, proyectos similares realizados, historial bancario, promotores. Y finalmente se han analizado las cuentas de Biogex Technical. Se ha visto que es una empresa solvente, sin problemas de liquidez a corto plazo, que en el histórico siempre ha obtenido beneficios crecientes en todos los ejercicios. Sin embargo, el departamento de riesgos hace hincapié en un detalle que hace elevar el riesgo: la variación de la cifra de negocio. Se detecta un crecimiento generalizado de la empresa en términos de ventas, sin embargo en el último año la cifra de negocio disminuyó considerablemente.

Martín no podía creer lo que oía, estaban a punto de decirle que no le prestaban el dinero porque la cifra de ventas había disminuido en el último ejercicio. Se había cansado de explicar en qué consistía su negocio, había presentado un historial de pagador intachable, unas cuentas excelentes y algún analista con capacidad de decisión lo único que había logrado ver era que las ventas del último año habían sido inferiores.

Respiró hondo, templó los nervios y esperó el veredicto. Mónica prosiguió con su monólogo.

—La cifra de ventas en el último ejercicio hace pensar que el crédito solicitado es excesivo y pese a que la empresa se encuentre poco endeudada actualmente, que las garantías ofrecidas sean más que suficientes, que la operación no conlleve un elevado riesgo y que una parte se financie con fondos propios, la entidad ha decidido conceder la mitad de lo solicitado.

Martín la miró con ojos de incredulidad y argumentó sus dudas:

—¿Tan importante es la cifra de negocio? ¿Valen lo mismo los ingresos de una empresa comercial que los de una empresa de servicios? Los negocios basados en la comercialización de productos de bajo margen precisan mover una gran cantidad de unidades y, por lo tanto, una elevada cifra de ventas para generar el mismo beneficio que obtiene una empresa de servicios especializados con tan sólo una parte de esa cifra de negocio. En el caso de Biogex Technical, existen dos líneas de negocio, una muy especializada y con un margen amplio que es la ingeniería y otra comercial con márgenes estrechos que es la instalación de los equipos. Cuando los proyectos que ejecutamos incluyen la instalación de equipos, la cifra de negocio se dispara, sin embargo el beneficio asociado a esas operaciones es escaso. Sin embargo, cuando se encarga solamente de la ingeniería de los proyectos, la cifra de negocio es escasa y el beneficio es relativamente alto.

Una vez explicada esta parte, Mónica quedó sin saber qué decir, había visto claro que Martín tenía razón, pero estaba paralizada.

—Propongo una cosa —retomó Martín—, voy a hacer un desglose de la cifra de negocio ejercicio por ejercicio, separando la facturación de ingeniería de la facturación de instalaciones. Asimismo, colocaré los costes directos asociados a cada una de las dos líneas de negocio, de tal manera que se pueda ver año a año lo vendido de cada línea y lo que se ha ganado en cada una de ellas; de este modo podremos distinguir y hacer una equivalencia entre las ventas de ingeniería y las ventas por instalaciones. Haciendo todo esto quiero conseguir que veas que la cifra de negocio ha sido de mejor calidad porque la actividad que dominó en el último año fue la de ingeniería, que deja mayores márgenes sin tener que «mover hierro» como decimos coloquialmente.

La propuesta de Martín parecía razonable. Si lograba demostrar lo que se proponía no solo financiaría el proyecto, sino que también conseguiría un tipo de interés más bajo de lo que esperaba.

¿Has visto ya la importancia de obtener información más allá de los números escritos? Una vez que tenemos todos los datos extracontables que hemos podido recopilar, vamos a buscar en la cuenta de pérdidas y ganancias las informaciones que van a determinar el tipo de empresa a la que nos enfrentamos. Para ello, vamos a ver en qué consiste la cifra de negocio, el resultado y el margen neto.

La cifra de negocio

El volumen de ventas o cifra de negocio es un elemento fundamental, de hecho es el parámetro más utilizado a la hora de determinar el tamaño de las empresas, y mide el resultado de ventas durante el periodo de un año. Podemos categorizar las empresas según su cifra de negocio:

- **Microempresas:** Facturan menos de un millón de euros al año. Suelen ser empresas personalistas que dependen de una o dos personas, que simultáneamente son socios, las dirigen y además trabajan en ellas. Su sistema de gestión es bastante simple, la contabilidad suele estar externalizada y sus cuentas son fáciles de interpretar ya que sólo contienen datos básicos.

- **Pequeñas empresas.** Son negocios que ya han dado el salto hacia una organización algo más compleja, los empresarios no alcanzan ya a trabajar y gestionar y suelen centrarse en esto último, delegando funciones a colaboradores. Su facturación ronda los tres millones de euros, en la mayoría de los casos la contabilidad suele estar externalizada, aunque ya precisan servicios cada vez más avanzados. Sus cuentas normalmente son fáciles de interpretar.

- **Medianas empresas.** Sobrepasan el límite del alcance de una sola persona para su gestión y control, por lo que necesitan gente que se responsabilice de las distintas áreas. Suelen facturar entre cinco y diez millones de euros al año y la contabilidad se lleva dentro de la empresa –con este volumen ya se lo pueden permitir–. Las cuentas comienzan a complicarse apareciendo más factores que hacen que su interpretación no resulte tan sencilla.
- **Grandes empresas.** Con un volumen de negocio superior a los diez millones de euros aproximadamente, su dirección ha de estar completamente profesionalizada y los socios o parte de ellos no participan en la gestión de la misma. Cuenta con departamento contable y financiero propio y sus cuentas reflejan la complejidad de integrar numerosos elementos y criterios valorativos que hacen más dificultosa su interpretación.

Esta clasificación es meramente orientativa con el sólo objeto de mostrar que, a medida que la empresa va creciendo en volumen de negocio, las cuentas se van complicando y por lo tanto su interpretación se va haciendo más difícil.

Sin embargo, como hemos visto en el caso de Martín, la simple cifra de ventas puede ser engañosa e incompleta, por lo que resulta crucial ponderarla por la actividad que ha generado esas ventas. Así, los ingresos no serán iguales si tienen su origen en:

- **Servicios.** Como regla general, aunque no siempre es así, la prestación de servicios tiene un elevado margen. En este sentido, una empresa que presta servicios puede generar un aceptable beneficio aun sin una elevada cifra de negocio.
- **Comercio.** Son empresas que no transforman los bienes, sino que venden lo mismo que han adquirido. En muchas oca-

siones encontraremos que tienen un alto volumen de negocio, sin embargo, el resultado es ajustado. Para elevar su beneficio será necesario mover mucho dinero, por lo que nos encontraremos con empresas comerciales con una elevada cifra de ventas y un resultado moderado.

- **Industria.** Son empresas que transforman bienes, lo que implica que aportan un mayor valor añadido y esto es lo que les genera el beneficio. La proporción entre el volumen de ventas, el margen y el resultado suele estar equilibrada.

De estos tres grupos podemos hacer subgrupos –dependiendo al subsector al que se dediquen–. Por otra parte, también hemos de tener en cuenta que una misma empresa puede generar ingresos con origen en los tres grupos mencionados.

El resultado

El siguiente paso dentro de esta clave de conocimiento de la empresa consiste en examinar el resultado; encontraremos empresas con beneficios o empresas que tienen pérdidas, lo cual va a determinar en gran medida el objetivo de nuestro análisis.

Si la empresa tiene pérdidas, el objetivo del análisis será averiguar el motivo de esas pérdidas ya que nos podemos encontrar ante:

- **Pérdidas coyunturales:** se producen de forma ocasional y suelen tener fácil solución realizando unos ajustes en la gestión. Su arreglo permite volver a la senda del beneficio. Normalmente las pérdidas coyunturales se generan fuera de la cuenta de explotación, es decir, no tienen su origen en la actividad de la empresa.

- **Pérdidas estructurales:** existe un problema de fondo en el negocio que no permite ganar dinero. Será necesario buscar el problema para poder atajarlo y salir de los números rojos.

Este tipo de pérdidas se hallan en la cuenta de explotación y tienen su origen en la actividad propia de la empresa.

En el caso de que la empresa tenga beneficio, el objetivo del análisis será bien distinto e irá encaminado hacia descubrir cuál ha sido el origen de ese beneficio, cómo se ha formado y cuál ha sido su evolución a lo largo del tiempo para poder estimar su proyección. Todo ello nos otorgará criterios claros de actuación para mejorar en la medida de lo posible el resultado de la empresa de cara al futuro.

El margen neto en porcentaje

Para saber si el beneficio obtenido es adecuado, lo tenemos que comparar con las ventas, obteniendo así el margen neto porcentual. Un margen neto escaso indica que ante cualquier adversidad, caída de las ventas, incremento de algunos de los costes, aparición de circunstancias extraordinarias, etc., la empresa puede ser arrastrada al terreno de las pérdidas. Por lo tanto, el margen neto nos va a indicar el riesgo que hay de que la empresa pueda mantener el beneficio.

La interpretación del margen neto va a depender en gran medida de la información extracontable que hayamos obtenido. Si estamos ante un negocio estable y consolidado podremos permitir un margen neto menor, ya que el riesgo de que sus circunstancias cambien son también inferiores. Sin embargo, si nos encontramos ante una empresa que opera en un sector volátil y muy competitivo o que está en un entorno proclive a que se le pueda disparar algún gasto, exigiremos un margen neto mayor con el fin de cubrir, en la medida de lo posible, el riesgo de que se puedan producir incidencias que lleven el beneficio al traste.

Resumen

Conocer cómo es la empresa que estamos analizando es la primera clave que debemos tener en cuenta para comprender su capacidad de generar beneficios y hacer frente a sus obligaciones. Esta clave tiene como objetivo orientarnos y definir el tipo de empresa a la que nos enfrentamos, para ello:

- Recopilaremos información extracontable: actividad, dirección, fuentes de ingresos, historia, etc.
- Analizaremos dos datos en la cuenta de pérdidas y ganancias, más la proporción existente entre ambos:
    - La cifra de negocio nos va dar una idea del tamaño de la empresa y algunas de sus características
    - El resultado va a condicionar el resto de nuestro análisis. Podremos encontrarnos con:
        - Pérdidas. El objetivo entonces será averiguar el motivo de esas pérdidas.
        - Beneficios. El análisis irá encaminado hacia descubrir dónde y cómo se ha formado.
    - El margen neto porcentual nos indica si el beneficio es adecuado, así como el riesgo de que se pueda perder en el futuro.

7. Clave 2: La cascada de resultados

En esta segunda clave nos adentraremos en el descubrimiento del origen del resultado. Si la empresa tiene pérdidas, buscaremos su causa y naturaleza. Estas pueden ser pérdidas circunstanciales o, por el contrario, fundadas en motivos estructurales.

Asimismo, si la empresa ha obtenido beneficio, descubriremos dónde se ha generado y comprobaremos si es un beneficio sano y natural o si se trata de un beneficio engañoso.

La historia que viene a continuación quizá te parezca un poco exagerada o tal vez reconozcas en ella a alguien conocido. Lo cierto es que historias similares a esta son mucho más habituales de lo que puedas imaginar.

El primo Bernardo

Jorge acudía, como todos los años, a la junta general de accionistas de La Conservera del Norte, S.A., la empresa fundada por su bisabuelo cuyas acciones estaban repartidas entre diversas ramas de la familia y –una pequeña parte– socios ajenos.

El primo Bernardo, actual consejero delegado de la sociedad, era un tipo radiante, con magnetismo; no terminó sus estudios pese a lograr ser el mayor de la facultad. Cuando su padre falleció y tras un periodo más o menos largo de transición, logró colarse en el consejo de administración, no por su buena capacidad de gestión precisamente, ni por su sólida formación, sino por su indudable don de gentes, que le permitía engatusar hasta al más férreo de los tecnócratas.

Cada año la apertura de la sesión era realizada por el socio más antiguo, que tradicionalmente era nombrado Presidente de la Junta. Tras unas breves palabras muy protocolarias el presidente cedió la palabra a Bernardo, quien sin preámbulos pasó a exponer las cuentas del ejercicio, apoyándose en una espectacular presentación. Bernardo recalcó lo competitivo que se había vuelto el mercado y lo difícil que resultaba abrirse paso en un entorno cada día más complejo, con estrechamiento de márgenes debido a guerras de precios que traían competidores internacionales y a la necesidad de mantener a toda costa cuotas de mercado en áreas geográficas estratégicas para la empresa.

Seguidamente se centró en la gestión interna y el control de costes, pieza clave de su gestión al haber permitido mantener, incluso incrementar, el beneficio pese a la caída de las ventas.

Pérdidas y ganancias	**Ejercicio actual**	**Ejercicio anterior**
Ventas netas	17.205.000	18.500.000
Coste de ventas	-15.312.450	-16.280.000
Margen bruto	*1.892.550*	*2.220.000*
Gastos generales de explotación	-1.875.000	-1.875.000
Beneficio neto de la explotación	*17.550*	*345.000*
Ingresos extraordinarios	1.170.000	810.000
Gastos extraordinarios	-25.630	-12.350
Beneficios Antes de Intereses e Impuestos (BAII)	*1.161.920*	*1.142.650*
Ingresos financieros	64.312	68.376
Gastos financieros	-459.374	-488.400
Beneficios Antes de Impuestos (BAI)	*766.859*	*722.626*
Impuesto sobre el beneficio	-214.720	-202.335
Resultado neto	***552.138***	***520.291***

Para terminar, Bernardo propuso a la junta un incremento del dividendo a repartir entre los socios, dado el aumento del resultado neto obtenido en el ejercicio por encima de las previsiones. El aplauso fue casi unánime, los asistentes a la reunión tenían una vez más lo que esperaban y quedaban convencidos de que la empresa había sido puesta en buenas manos. En el apartado de ruegos y preguntas algunas manos se levantaron y Bernardo explicó gustoso nuevas expectativas de negocio, desglose de la cifra de ventas, y la situación generalizada del sector, todo ello con gran seguridad, incluso con algunos toques de humor ocurrente: la batalla ya había sido ganada.

Una mano femenina se alzó al fondo de la sala y el presidente, con un gesto, le dio la palabra. La señorita se puso en pie, Jorge no había reparado en ella. Era la primera vez que la veía, con un bloc de notas en la mano izquierda y un bolígrafo en la derecha, comenzó a hablar:

—En la información que ha facilitado a los socios podemos apreciar la cuenta de resultados de forma general, con las cifras agrupadas y los conceptos generales. Sin embargo, -continuó- me gustaría conocer el origen de algunas de esas cantidades. La primera de ellas es la correspondiente a los ingresos extraordinarios.

—Corresponde al beneficio generado por la venta de una nave que la empresa tenía anexa al almacén principal. Se trataba de un inmueble que apenas se utilizaba y se aprovechó la oportunidad de venderla a buen precio -respondió el director financiero-.

—Supongo que en el ejercicio anterior sucedió lo mismo, ya que la cuenta de resultados también refleja una cifra abultada en la partida de ingresos extraordinarios -volvió a la carga la señorita en cuestión-.

—Así es -exponía el director financiero-, ahora no tenemos los datos concretos del ejercicio anterior, estamos centrados en el presente, el que estamos aprobando. No obstante, fue algo parecido, aprovechar la oportunidad para vender a buen precio elementos innecesarios. Una vez finalizada la junta ruego nos solicite la información y le será facilitada con sumo gusto.

—Sigamos, en la cuenta de resultados veo lo siguiente -aquella mujer no estaba dispuesta a dejar aquello tal cual-: si quitamos los ingresos extraordinarios fruto de vender parte del patrimonio de la empresa, no sólo no habría beneficio, sino que la empresa hubiera entrado en pérdidas.

Pérdidas y ganancias	**Ejercicio actual**	**Ejercicio anterior**
Ventas netas	17.205.000	18.500.000
Coste de ventas	-15.312.450	-16.280.000
Margen bruto	*1.892.550*	*2.220.000*
Gastos generales de explotación	-1.875.000	-1.875.000
Beneficio neto de la explotación	*17.550*	*345.000*
Ingresos extraordinarios	---	---
Gastos extraordinarios	-25.630	-12.350
Beneficios Antes de Intereses e Impuestos (BAII)	*-8.080*	*332.650*
Ingresos financieros	64.312	68.376
Gastos financieros	-459.374	-488.400
Beneficios Antes de Impuestos (BAI)	*-403.141*	*-87.374*
Impuesto sobre el beneficio	112.880	24.465
Resultado neto	***-290.262***	***-62.909***

—El dividendo que tan generosamente se está proponiendo a los socios -continuó- no es fruto del beneficio generado por la actividad del negocio, como debería ser, simplemente se está retribuyendo a los socios con la venta de su propio patrimonio.

En ese momento se hizo en la sala un silencio incómodo, a Bernardo le cambió la expresión del rostro, giró la cabeza y se dirigió al secretario de la junta. No se oyeron sus palabras pero por su gesto se le adivinaba incómodo.

Jorge volvió a mirar las cuentas, ¡cómo no se había dado cuenta! y retomó la atención en la misteriosa mujer que reanudó su exposición.

—Por otro lado, en su momento solicité el desglose de la retribución de los miembros del Consejo de Administración, uno por uno, ya que en la memoria sólo aparece reflejada la remuneración del conjunto de los Consejeros.

—La empresa ha sido auditada -argumentó el director financiero tratando de echar un capote a Bernardo- y como podrá ver en el informe de auditoría las cuentas formuladas representan la imagen fiel del patrimonio de la empresa.

Esa respuesta ni amedrantó, ni convenció a aquella señorita que, a cada minuto, se mostraba más radiante.

—La función de los auditores es verificar los saldos, no cuestionarlos -aclaró la señorita-. Estoy segura de que todo está correctamente contabilizado, lo que pido es el desglose de ciertas partidas. La empresa pertenece a los socios y los socios pagan a sus gestores, los aquí presentes queremos saber qué funciones realiza cada uno y cuánto cobra por ello.

A la salida Bernardo desapareció sin despedirse de nadie, cosa muy rara en un tipo para quien lo primero son las relaciones públicas. Merced a ellas había logrado hacerse con el control de la empresa, un control que sin duda peligraba.

—Buenos días señorita, soy Jorge Sánchez, he podido escuchar su exposición y me gustaría hablar con usted.

—Sé bien quien es usted, Sr. Sánchez, me llamo Nuria Vera y represento a un número cada vez mayor de socios que no estamos de acuerdo con la gestión que está haciendo su primo Bernardo.

—Ya he podido escuchar algunos de sus argumentos. Quizá sería interesante concertar una cita con usted para que me ampliara toda esta información. Veo indicios de que voy a tener que ponerme en sus manos.

—Estaré encantada de que nos veamos. Los socios a los que represento y yo misma pensamos que la gestión del actual consejo de administración no es la más adecuada para los intereses de los accionistas y necesitamos reunir el capital necesario para destituirlo.

Jorge tomó la tarjeta de la señorita Vera y prometió llamarla esa misma semana. Sencillamente, había quedado impresionado.

Tras los pasos del resultado

En la cascada de márgenes buscamos que el beneficio se haya generado coherentemente, que sea el negocio principal el que aporte valor a la empresa y que las operaciones ajenas a la actividad no distorsionen el mensaje que nos transmite el resultado.

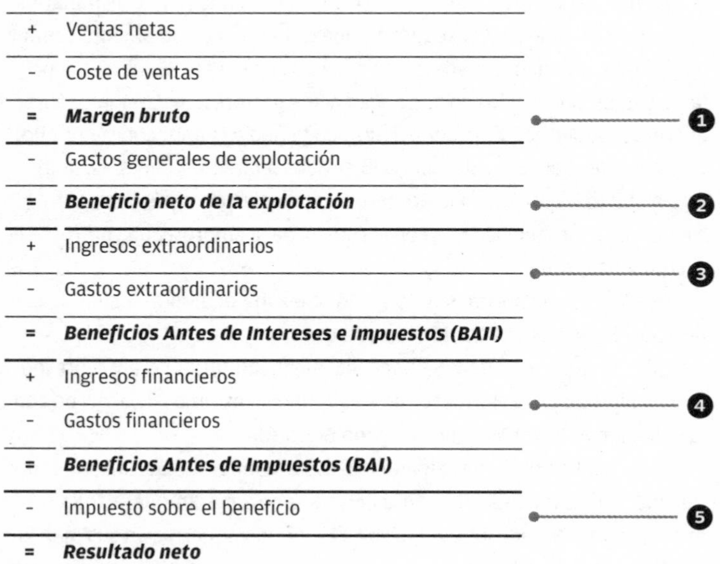

❶ **Margen bruto:** La primera comprobación que hacemos es básica, el margen bruto debe ser positivo. Si no lo fuera estaríamos ante un serio problema, significaría que la empresa está vendiendo por debajo de los costes de producción o adquisición. Por lo tanto, cuanto más venda, más perderá. En ese contexto el negocio sería ruinoso desde su concepción.

❷ **Resultado ordinario o de la explotación:** Inmediatamente después, nos fijaremos en el beneficio de la explotación. Es la base del negocio, si aquí hallamos pérdidas, significa que la actividad que desarrolla no es rentable. Esta es una de las partes más importantes de nuestro análisis, comprobar que el negocio es capaz de generar beneficio y que se trata de un beneficio adecuado.

❸ **Resultados extraordinarios:** Al beneficio de explotación le tenemos que sumar el resultado extraordinario, ese que tiene su origen en ingresos y gastos que no están relacionados con la actividad ordinaria de la empresa. Estos resultados pueden ser positivos o negativos.

¡Mucha atención a los extraordinarios!, es fundamental comprobar que no son significativos, ya que, si son abultados, van a distorsionar el resultado neto, tanto si son muy positivos, como si son muy negativos. Unos ingresos extraordinarios abultados indicarán que se ha generado un beneficio que no tiene que ver con la actividad principal de la empresa y que probablemente no se vayan a repetir.

Por el contrario, si lo que dominan son los gastos extraordinarios y logran volcar el resultado hacia las pérdidas, podemos pensar que ese resultado final negativo ha sido fortuito u ocasional, que las pérdidas fueron puntuales y que en el futuro se retornará a la senda del beneficio. En definitiva, si encontramos un resultado extraordinario abultado tendremos que imaginarnos cómo habría sido esa cuenta de pérdidas y ganancias si no se hubieran producido.

❹ **Resultados financieros**: Las empresas suelen tener un resultado financiero negativo ya que son fundamentalmente tomadoras de dinero –lo utilizan para invertirlo en su proceso productivo– y lo deben remunerar a quien se lo ha prestado. No obstante, si encontráramos un importante resultado financiero positivo, habría que estudiar el motivo del mismo. De poco vale que el director financiero sea un as de la bolsa y derivados, si el beneficio de explotación, el que viene de negocio principal, es escaso o negativo.

5. **Incidencia fiscal:** La comprobación que haremos en este punto será prácticamente testimonial. La incidencia fiscal será proporcional al beneficio antes de impuestos. Nos limitaremos entonces a chequear que no hay una anomalía visible en su cantidad.

Pérdidas coyunturales vs pérdidas estructurales

Cuando de entrada nos encontramos ante una empresa en pérdidas, nuestra misión será averiguar su origen. Las pérdidas coyunturales son aquellas que se producen de forma ocasional o por motivos ajenos a la actividad principal del negocio. Fundamentalmente encontraremos que las pérdidas de esta naturaleza son motivadas por:

a) **Un resultado extraordinario negativo:** Pérdidas por la enajenación de algún elemento del inmovilizado, algún desastre acaecido en el ejercicio, etc. En definitiva, gastos que no tienen por qué volver a producirse y, por lo tanto, lo más probable es que la empresa pueda volver a números positivos una vez estos gastos dejen de producirse.

b) **Un resultado financiero muy negativo:** Si el origen de las pérdidas está en los gastos financieros, estaremos en la pista de encontrarnos una empresa excesivamente endeudada. Tendremos que confirmar este extremo más tarde, cuando nos adentremos en su balance. En cualquier caso, el beneficio que genera el negocio es insuficiente para cubrir los gastos de la deuda que arrastra. Si se logra reducir esa deuda, el problema quedará mitigado.

Las pérdidas estructurales representan un problema mucho mayor, ya que están en el corazón del negocio. Algo no funciona en la actividad que desarrolla la empresa. Normalmente los motivos que llevan a esta situación pueden ser tres:

1. Las ventas son insuficientes, el negocio está mal dimensionado y hay una estructura excesiva para una escasa cifra de negocio.
2. El margen que dejan los productos o servicios vendidos es demasiado estrecho y no alcanza a cubrir la estructura de la empresa.
3. Los gastos generales son demasiado elevados y minoran el margen hasta llevarlo a los números rojos.

Resumen

La segunda clave o cascada de resultados nos invita a revisar verticalmente los márgenes parciales de la cuenta de pérdidas y ganancias, buscando posibles alteraciones en su estructura normal. Cada resultado parcial ha de ser positivo e inferior al anterior.

El objeto de la cascada de resultados es verificar:

- Si el resultado neto es positivo: que el beneficio se ha generado de forma orgánica y no es engañoso.
- Si el resultado neto es negativo: determinar si las pérdidas son coyunturales o, por el contrario, tienen un trasfondo estructural.

8. Clave 3: La calidad del crecimiento

Te mereces una subida de sueldo

Hace tiempo que trabajas con nosotros y has llevado a cabo con éxito todas las tareas que se te han encomendado. Ahora la empresa va a adoptar un importante giro con el que pretendemos desarrollar una línea de negocio diferente y por eso hemos pensado en ti.

Nos encantaría que te unieras a este reto, sin embargo, lo que no podemos es prescindir de las tareas que estás realizando en este momento, ya sabes que los recursos son limitados; tu labor es importante y te necesitamos en el día a día de tus actuales funciones.

Lo que te pedimos es que además de tus funciones actuales, asumas el liderazgo de este proyecto, lo inicies, lo desarrolles y lo implementes, pensamos que será una buena oportunidad tanto para la empresa, como para ti. Esta nueva tarea que te vamos a encomendar te va llevar aproximadamente un 30% más de esfuerzo por tu parte. Como se va incrementar tu volumen de trabajo, queremos compensarte con una subida de sueldo y hemos pensado que este sobreesfuerzo se compensará con el incremento de un 5% de tu salario. Te rogamos que lo pienses, lo madures y que nos des una contestación porque queremos ponerlo en marcha cuanto antes.

¿Qué es el crecimiento de calidad?

Cuando hablamos de crecimiento de la empresa entendemos que se ha producido un incremento de las ventas. Sabemos que una empresa crece porque su cifra de negocio aumenta. Hemos de recordar y tener muy presente que el objeto de la empresa es el de obtener beneficio, por lo que la expansión no debe perjudicar la rentabilidad relativa. Entonces, ¿cómo han de comportarse las distintas partidas de la cuenta de resultados para obtener un crecimiento de calidad?

1. **Incremento de las ventas**

2. **Incremento del coste variable:** El coste de aprovisionamiento ha de incrementarse en una proporción inferior a las ventas. Esto supondrá que la empresa mejora su gestión, o bien ha vendido a unos precios superiores, o bien ha adquirido los bienes o servicios que comercializa a un precio inferior, es decir ha aumentado sus márgenes relativos.

3. **Incremento del margen:** Como consecuencia de lo anterior, el margen bruto, en términos absolutos habrá aumentado proporcionalmente más que el crecimiento de las ventas; es decir, por cada euro de venta, me queda más margen.

4. **Incremento del coste fijo:** Los gastos generales de explotación no sufrirán una importante variación con el incremento de las ventas, se mantendrán casi constantes o al menos su crecimiento será muy inferior al de la cifra de negocio.

5. **Incremento del resultado:** Como consecuencia de todo lo anterior, al mejorar el margen y contener el coste fijo, el aumento del resultado será muy superior al incremento de las ventas. Esto es lo que denominamos un crecimiento de calidad.

Por otro lado, nos encontraremos también con empresas que no se han expandido, es decir, que sus ventas han quedado estancadas, o bien, han disminuido. En estos casos, nuestra misión como analistas es valorar la gestión en términos de ventas y beneficio, es decir, cómo se ha comportado el beneficio en función del comportamiento de la cifra de negocio.

Escenarios de calidad de crecimiento

Analizaremos tres situaciones con el siguiente proceso:

- **Paso I:** Comprobaremos si ha habido un crecimiento de calidad, para ello nos fijaremos en el crecimiento de las ventas y el crecimiento del beneficio.

▸ **Paso II:** Buscaremos la causa de la calidad o no del crecimiento. Nos focalizaremos en el comportamiento del margen bruto y la evolución de los gastos generales

Ejemplo 1: Situación normal

Pérdidas y ganancias	**20x0**	**20x1**		
Ventas netas	1.000.000	1.100.000	10,0%	❶
Coste de ventas	-600.000	-660.000	10,0%	❸
Margen bruto	*400.000*	*440.000*	*10,0%*	
Gastos generales explotación	-200.000	-200.000	0,0%	
Beneficio neto de la explotación	*200.000*	*240.000*	*20,0%*	❹
Resultados extraordinarios	0	0		
Resultados financieros	-10.000	-10.000		
BAI	*190.000*	*230.000*		
Impuesto sobre el beneficio	-47.500	-57.500		
Resultado neto	***142.500***	***172.500***	***21,1%***	❷

Paso I: 1) La empresa incrementa sus ventas un 10% y 2) observamos que el beneficio ha aumentado un 21,1%. Entonces concluimos que la empresa ha tenido un crecimiento de calidad, el beneficio ha aumentado más que las ventas

Paso II: 3) El coste de ventas se incrementa un 10%, es decir, en la misma proporción que las ventas, la empresa vende con el mismo margen, de hecho el incremento del margen bruto es también del 10%. 4) Los gastos generales de explotación se mantienen fijos, lo que provoca que el beneficio de la explotación aumente más que las ventas (20%)

En conclusión, la empresa está teniendo un crecimiento de calidad ya que el incremento del beneficio es más que proporcional al aumento de las ventas. El motivo principal radica en la contención de los gastos generales, que se han mantenido constantes pese a la expansión de la empresa.

Ejemplo 2: Situación óptima

Pérdidas y ganancias	**20x0**	**20x1**		
Ventas netas	1.000.000	1.100.000	10,0%	❶
Coste de ventas	-600.000	-630.000	5,0%	❸
Margen bruto	*400.000*	*470.000*	*17,5%*	
Gastos generales explotación	-200.000	-200.000	0,0%	
Beneficio neto de la explotación	*200.000*	*270.000*	*35,0%*	❹
Resultados extraordinarios	0	0		
Resultados financieros	-10.000	-10.000		
BAI	*190.000*	*260.000*		
Impuesto sobre el beneficio	-47.500	-65.000		
Resultado neto	***142.500***	***195.000***	***36,8%***	❷

Paso I: 1) La empresa incrementa sus ventas un 10% y 2) vemos que el beneficio ha aumentado un 36,8%. Con este vistazo advertimos que la empresa ha tenido un crecimiento de calidad, el beneficio ha aumentado más que las ventas.

Paso II: 3) El coste de ventas se incrementa un 5%, es decir, en una proporción inferior al de las ventas, lo que significa que ha aumentado el margen medio al que comercializa sus productos o servicios. Nos fijamos en el margen bruto y vemos que también ha aumentado un 17,5%, por encima del incremento de las ventas. La empresa vende más y además, con mayor margen. 4) Los gastos del mantenimiento de la estructura se mantienen fijos, no aumentan. Esto, unido al aumento del margen, hace que el beneficio de la explotación crezca mucho más que las ventas y se eleve al 35%.

En resumen, la empresa está teniendo un crecimiento de calidad ya que el incremento del beneficio es mucho mayor que el de las ventas. La razón de este crecimiento de calidad se debe a la unión de dos factores, el aumento del margen relativo con el que la empresa opera y a la contención del coste fijo o coste de estructura, que se ha logrado mantener fijo pese a la expansión del negocio.

Ejemplo 3: Lo que se denomina *reajuste*

Pérdidas y ganancias	**20x0**	**20x1**		
Ventas netas	1.000.000	950.000	5,0%	❶
Coste de ventas	-600.000	-570.000	-5%	❸
Margen bruto	*400.000*	*380.000*	*-5,0%*	
Gastos generales explotación	-200.000	-180.000	-10,0%	
Beneficio neto de la explotación	*200.000*	*200.000*	*0,0%*	❹
Resultados extraordinarios	0	0		
Resultados financieros	-10.000	-10.000		
BAI	*190.000*	*190.000*		
Impuesto sobre el beneficio	-47.500	-47.500		
Resultado neto	***142.500***	***142.500***	***0,0%***	❷

Paso I: 1) La cifra de negocio, no sólo no se incrementa, si no que se reduce un 5%. La empresa se está contrayendo, y

2) sin embargo, vemos que el beneficio se mantiene en los mismos niveles que el ejercicio anterior.

¿Qué quiere decir esto? Pues que ante una contracción del negocio, la empresa ha llevado a cabo un esfuerzo para reducir sus costes y de este modo hace que la reducción en las ventas no afecte al beneficio.

Paso II: 3) El coste variable o coste de aprovisionamiento disminuye en la misma línea que las ventas, esto es, la empresa vende con los mismos márgenes. Si observamos el margen bruto, advertimos que también se recorta un 5%, exactamente lo mismo que el negocio. 4) Sin embargo, el verdadero esfuerzo se encuentra en la reducción de los gastos generales que se consiguen recortar un 10%. Esta reducción de los gastos hace que se compense la pérdida de margen por la caída de las ventas y el beneficio se mantenga constante.

En síntesis, la empresa reduce la cifra de negocio y logra mantener su beneficio. Esto lo consigue vendiendo con los mismos márgenes y, sobre todo, reduciendo los gastos generales.

Este es un ejemplo claro de una buena gestión frente a la crisis. Asumida la llegada de la crisis y aceptada una inevitable caída del negocio, la empresa se pone a trabajar en su redimensionamiento, en hacerse más pequeña y ligera, reduciendo al máximo sus costes de estructura. Lo que consigue entonces es mantener el negocio y su beneficio a salvo de la crisis. Ya llegará el momento para volver a expandirse.

Hemos visto tres ejemplos de comportamiento del beneficio frente a variaciones en la cifra de negocio. Ese análisis nos ha permitido evaluar la importancia de la gestión interna y la gestión de los costes a la hora de defender el beneficio. Llegamos a la conclusión de que el crecimiento por el crecimiento, vender más por vender más, no siempre lleva al éxito empresarial medido por el beneficio. La empresa debe fijar unos objetivos claros y, una vez establecidos, determinar la estrategia adecuada para alcanzarlos. Estos objetivos y estrategias dependerán de las circunstancias del mercado y del entorno económico.

En épocas de expansión económica es más sencillo crecer, es decir, vender más. En estas épocas interesa centrar los objetivos y estrategias en el crecimiento, teniendo presente que el fin principal es el beneficio. Sin embargo, en épocas de contracción económica y durante las crisis, crecer resulta muy costoso, a veces, casi imposible, por lo que los objetivos y estrategias durante estas épocas deben de centrarse en la gestión interna del negocio, en el control de sus costes para defender el beneficio.

Te mereces una subida de sueldo

A estas alturas supongo que ya tienes una respuesta a la propuesta que te hacía al principio del capítulo.

Teniendo en cuenta que el trabajo de las personas equivale en la empresa a las ventas, más ventas, mayor actividad, mayor esfuerzo de la empresa en todos los sentidos, y el salario de las personas equivale al beneficio que es la remuneración de la empresa. En este contexto habrás llegado a la conclusión de que no debes aceptar la propuesta.

Resumen

La defensa del beneficio ha de ser el objetivo sobre el que gire la estrategia de la empresa. Cuando nos referimos al crecimiento hacemos siempre referencia al incremento de las ventas. Medimos esa expansión mediante los índices de crecimiento. Sin embargo, lo importante no es el crecimiento en sí, sino la calidad del crecimiento, es decir, cómo responde el resultado ante el incremento de las ventas. Por otro lado, buscaremos siempre el origen del resultado para entender el comportamiento de las ventas, tanto si el negocio se ha expandido, como si se ha contraído.

Lograr un crecimiento de calidad y defender el beneficio se basa en dos pilares fundamentales:

- Mejora del margen bruto: Diferencia entre las ventas de los bienes y servicios que comercializa la empresa y los costes de aprovisionamiento de los mismos.
- Mantenimiento o disminución de los gastos generales de explotación: Aquellos necesarios para mantener la estructura de la empresa.

9. Clave 4: Por lo que tiene la conocerás

«El beneficio de Telefónica supera los 10.000 millones de euros». «El resultado atribuido de Banco Santander asciende a 8.876 millones de euros». Estos son titulares habituales en la prensa económica e incluso en los medios generalistas cada vez que las grandes empresas presentan resultados. Ante estas informaciones, es muy habitual que mucha gente se eche las manos a la cabeza, escandalizada pensando en la ingente cantidad de dinero que ganan las grandes corporaciones mientras la mayoría de los mortales se las ve y se las desea para llegar a fin de mes. ¿Es cierto que estas compañías ganan mucho dinero?, ¿realmente hay que escandalizarse por esas cifras astronómicas?

Para entender certeramente la situación de las empresas es necesario observar la cifra de beneficio y la inversión que se ha tenido que realizar para obtener el resultado. Aquí tenemos la cuarta clave.

Si vemos la proporción entre el beneficio obtenido y la inversión necesaria para lograrlo obtenemos la llamada rentabilidad, un concepto mucho más amplio que el beneficio. Veamos un ejemplo:

	Empresa A	Empresa B
Beneficio	10	100
Inversión	10	1.000
Rentabilidad	100%	10%

En este contexto, la información que nos facilitan los medios de comunicación sobre los resultados de las empresas es, cuando menos, incompleta y simplemente por el dato del beneficio podemos extraer muy pocas conclusiones.

Aquí tienes una historia muy habitual, dos socios que crean una empresa; las cosas les van funcionando, cada vez venden más y deciden hacerla crecer. Se centran en la gestión comercial, dinero no falta pero, cuando se quieren dar cuenta...

Crecimiento peligroso

Lorenzo y Antonio montaron hace más de veinte años su negocio de distribución de mobiliario para despachos de alta gama. Los comienzos, como en la mayoría de los casos, fueron duros, aunque poco a poco su firma fue desarrollándose: las ventas crecían, se contrataba a más personal, se abría un nuevo punto de venta, la cifra de negocio volvía a aumentar, se compraba más, más medios para vender, más ventas, y así sucesivamente.

De una tienda en el centro financiero de Madrid pasaron a cuatro repartidas en distintas ubicaciones de la capital y alrededores. El negocio florecía durante los años de expansión y de distribuir cuatro marcas de fabricantes, pasaron a representar diez, incluso doce en algunos momentos. Con la llegada de la crisis el negocio se resintió, las ventas cayeron, los márgenes se estrecharon, aparecieron tensiones de tesorería y mantener la empresa tal y como estaba estructurada comenzaba a presentar dificultades.

Fue en ese momento cuando Lorenzo y Antonio decidieron mirar sus cuentas y estudiar el histórico. Cuando las tuvieron delante no sabían ni por dónde empezar. Con un poco de ayuda de un amigo contable pudieron ordenar los datos:

	20x1	**20x2**	**20x3**	**20x4**	**20x5**	**20x6**
Cifra de negocio	4.532	5.348	6.524	7.568	7.947	6.596
Beneficio	181	225	294	363	397	343
Rentabilidad	16,5%	14,6%	13,6%	12,0%	9,4%	5,8%

* Cifras en miles

Se dieron cuenta que aunque cada vez vendían más, la rentabilidad disminuía. Entonces Lorenzo tomó una de las mejores decisiones de su vida profesional y se matriculó en una escuela de negocios. Tras un par de sesiones, todo lo que nunca había entendido, comenzaba a cobrar sentido. En una de las sesiones Lorenzo pidió que se experimentara con las cuentas de su propia empresa. Se repartió un ejemplar de los balances a los presentes y el mismo Lorenzo aportó unos datos adicionales: objeto del negocio, un poco de historia y algunos detalles más. Entonces, formuló la pregunta que tanto le martirizaba: si el beneficio crece, ¿por qué la rentabilidad se reduce?

Todos quedaron en silencio mirando aquellas cuentas. Nuria, la profesora, pidió a Carlos, un ingeniero que estaba allí por motivos similares a los de Lorenzo, que respondiera. Carlos dudó unos instantes y enseguida comenzó a comentar los datos:

—Veo que efectivamente el beneficio crece año a año a buen ritmo, sin embargo, si nos fijamos en el activo, también crece y lo hace a un ritmo superior al crecimiento del beneficio: ha sido como echar mucha más leña al fuego para que la llama crezca un poco.

	20x1	**20x2**	**20x3**	**20x4**	**20x5**	**20x6**
Beneficio	181	225	294	363	397	343
Inversión	1.100	1.540	2.156	3.018	4.226	5.916
Rentabilidad	16,5%	14,6%	13,6%	12,0%	9,4%	5,8%

¡Ahí estaba la clave!, si la rentabilidad es la proporción entre el beneficio y la inversión, y el activo refleja el conjunto de las inversiones de la empresa, la proporción entre el beneficio y el activo reflejará la rentabilidad del negocio. De ahí que aunque el beneficio crezca, si el activo crece aún más, la rentabilidad se resiente. La causa del problema ya estaba clara pero ¿cómo podría solucionarlo? Entonces Nuria explicó algo muy sencillo para mejorar la rentabilidad:

—Sólo se pueden hacer dos cosas, aumentar el beneficio y/o reducir el activo. ¿En cuál de las dos nos centraremos? En la que sea más factible, teniendo en cuenta la coyuntura.

Lorenzo se quedó pensativo y en seguida respondió:

—Sin duda, ahora el ciclo es contractivo, las ventas se están reduciendo, los clientes presionan con los precios y defender el beneficio no resulta nada fácil. Por otro lado, las previsiones no son nada halagüeñas y el futuro pinta en bastos por un tiempo más bien largo.

—Pues entonces, ya sabes, ahora toca desinvertir y reducir el activo para que la empresa pueda seguir siendo rentable -contestó Nuria-.

—Y, ¿eso cómo se hace?

—Pues tomando el activo de la empresa, examinando una a una las distintas partidas que contiene y pensando cómo poder reducirlas o incluso eliminar algunas de ellas.

Todos los presentes en el aula se pusieron manos a la obra para aportar ideas:

—Tienes cuatro tiendas -dijo su compañero de la derecha-, si las ventas caen ¿podrías cerrar alguna de ellas y replegarte en la exposición principal? De este modo, no sólo reducimos el activo, sino que tenemos un importante ahorro de costes de cara al beneficio.

—La cifra más grande del activo es la de mercaderías en almacén -añadió Pedro- podrías eliminar alguna de las marcas que representas y con las otras proponer a los fabricantes una posición preferente en la exposición, a cambio de trabajar en depósito, es decir, la mercancía es suya hasta que el producto se vende, de ese modo reducimos enormemente la partida de existencias del activo.

—Y con la cifra de clientes -dijo Marta-, como te están presionando con los precios, puedes ofrecer buenos descuentos por pronto pago, así no sólo reduces el activo al cobrar antes, sino que evitas riesgo de impagos.

—Si reduces el número de tiendas y la actividad cae -intervino Ramón-, puedes reducir la flota de furgonetas. Y si tienes puntas de trabajo, subcontratas el servicio logístico, así también reducimos el activo.

Tras la tormenta de ideas que a Lorenzo no le daba tiempo a anotar, Nuria concluyó:

—Ya tienes un buen número de propuestas para trabajar sobre ellas; no obstante, las mejores siempre serán las tuyas.

Sin duda aquella fue una tarde provechosa, nunca podría agradecer lo suficiente lo que aprendió.

La defensa de la rentabilidad

El objetivo de la gestión de nuestra empresa siempre ha de ser la rentabilidad; de la misma manera que defendemos el crecimiento del beneficio frente al aumento de las ventas –como vimos en la segunda clave–. También hemos de defender el beneficio frente a la inversión y siempre trataremos de ir mejorando esa rentabilidad.

Recuerda que los pilares de todo negocio se basan en tomar capital y trabajo y rentabilizarlo. Teniendo en cuenta este principio básico deberemos comprobar que la rentabilidad de esa inversión es superior al coste del capital tomado. Si queremos crear una empresa, necesitaremos realizar una inversión. Buscaremos inversores y prestamistas –socios, bancos, proveedores, otros acreedores, etc.– Tendremos entonces que asegurarnos de que la rentabilidad del negocio superará la remuneración media a esos inversores y prestamistas, si no, el negocio sería ruinoso.

Rentabilidad > Coste de financiación

Ya sabemos cómo calcular la rentabilidad, no es más que la proporción entre el beneficio y la inversión (activo). Sin embargo, el coste de la financiación es algo más elaborado y, como lo que necesitamos es hacernos una idea de la situación, tomaremos como coste medio de la financiación el tipo de interés al que el banco financia a las empresas en ese periodo. Pueden suceder entonces tres cosas:

1. Que la rentabilidad de la empresa supere ampliamente al coste estimado de financiación. Será entonces un indicio para inclinarnos a pensar que la situación económica es buena.

2. Que la rentabilidad de la empresa está claramente por debajo del coste estimado de financiación. En este caso, la situación económica de la empresa no es buena, el beneficio

que genera no es suficiente para retribuir a sus financiadores. El siguiente paso será determinar si la causa se encuentra en un escaso beneficio o una excesiva inversión, es decir, si tiene un activo sobredimensionado.

3. Que la rentabilidad y el coste de la financiación estén más o menos a la par. En este caso habrá que analizar otros indicadores para determinar cuál es la situación económica de la empresa.

En esta misma línea, otro indicador de que las cosas no van bien es comprobar si el resultado de la explotación se lo está llevando el banco. Fíjate bien en esta cuenta de resultados:

Pérdidas y ganancias	**20x1**
Cifra de negocio	1.670.000
Coste de las ventas	-1.336.000
Margen bruto	*334.000*
Gastos generales explotación	-233.800
Beneficio neto explotación	*100.200*
Resultados financieros	-80.160
BAI	*20.040*
Impuesto sobre el beneficio	-4.409
Resultado neto	***15.631***

La empresa trabaja, genera actividad, asume el riesgo y luego es el banco quien, corriendo un riesgo muy inferior, se lleva la mayor parte del fruto del esfuerzo empresarial. Aquí, sin duda, algo no va bien. El hecho de que el banco gane más que los socios puede deberse a varios motivos: es posible que sea algo puntual, puede haber tomado el dinero demasiado caro o puede que haya realizado demasiadas inversiones y se encuentre excesivamente endeudada. Sin duda, es algo que nos tiene que alertar ya que, si se monta un negocio es para que los emprendedores ganen dinero, no para entregárselo a las entidades financieras.

La clave está en el activo

De un solo vistazo no podemos determinar con precisión si el tamaño del activo es el adecuado, por lo que nos vamos a limitar a comprobar que su estructura es normal. En ocasiones veremos empresas cuyo activo va a tener partidas que nos llaman la atención, bien por lo abultado de su cifra, bien por la ausencia de la misma. Podemos encontrarnos empresas que no tienen inmovilizado, u otras en las que la mayor parte de sus inversiones están formadas por la tesorería. Ni unas, ni otras son normales, por lo que trataremos de buscar la razón de esta situación. Esta es una representación gráfica muy general; por supuesto no todas las empresas deben de responder a esta estructura, no obstante, nos servirá para tomarla como base:

Activo

<table>
<tr><td colspan="2">Inmovilizado</td></tr>
<tr><td rowspan="3">Activo corriente</td><td>Disponible</td></tr>
<tr><td>Realizable</td></tr>
<tr><td>Existencias</td></tr>
</table>

Cuando nos encontremos con balances cuyo activo difiera de estas proporciones, lo primero que tendremos que preguntarnos es a qué se dedica la empresa ya que, la actividad que desarrolle va a determinar en gran medida las inversiones a realizar. De este modo, las empresas industriales suelen presentar un gran inmovilizado; las empresas comerciales, sin embargo, se caracterizan por concentrar sus inversiones en el activo circulante, concretamente en las existencias; y las empresas de servicios suelen tener un volumen de inversiones más reducido, por lo tanto, un menor activo.

Resumen

La rentabilidad es el objetivo prioritario de la empresa y ésta no es más que la proporción entre el beneficio generado y la inversión realizada.

Teniendo en cuenta estos conceptos comprobaremos que:

- El activo tiene una estructura normal y no presenta indicios de estar sobredimensionado.
- La rentabilidad –proporción entre el resultado y el activo– es superior al coste medio de financiar las inversiones realizadas.

Dependiendo de la actividad a la que se dedique el negocio, su activo presentará una estructura característica. Otro indicador de que las cosas no van bien es si una buena parte del beneficio del negocio se va en financiar intereses.

10. Clave 5: ¿Comprarías la empresa?

En este capítulo veremos la rentabilidad desde otra vertiente. Lo haremos desde el punto de vista del accionista, del propietario de la empresa y para ello te voy a contar la historia de Alfonso, un tipo valiente y apasionado, que busca hacer realidad sus sueños.

Las caderas de Rossita

Desde bien jovencito Alfonso tuvo el espíritu emprendedor metido en el cuerpo. Después de iniciar varios negocios con distintos socios decidió seguir su camino en solitario y se centró en el mundillo de la restauración, regentando cuatro restaurantes bien distintos unos de otros. La inversión fue importante, pero la empresa daba dinero. A medida que el negocio se encarrilaba, iba delegando sus funciones en un equipo que cada día estaba más compenetrado.

Un día decidió tomarse un periodo de vacaciones, cruzar el Atlántico y recargar las pilas al sol de las playas de Río de Janeiro. En una de las veladas del hotel quedó embriagado por la cantante de una pequeña orquesta. Allí estaba Rossita, una impresionante mulata de piernas kilométricas que desbordaba sensualidad por cada poro de su piel. Alfonso quedó hipnotizado, la abordó y allí comenzó un idilio que daría un giro radical a su vida.

El retorno a Madrid y la rutina fueron dolorosos. Aquello llegó a ser insoportable para Alfonso y tomó la decisión de dejarlo todo e irse a vivir al trópico, siguiendo el contorneo de las caderas de su mulata. Para ello trazó un plan en el que el principal objetivo era vender su empresa por la máxima cantidad de dinero. No sabía muy bien por dónde empezar, ni cuánto dinero podría conseguir. Se reunió con su fiel amigo Alejandro, para que le aconsejara:

—Tienes dos opciones, -explicó Alejandro- liquidar la empresa o venderla. Liquidarla implica cerrarla, vender sus activos, los locales, mobiliario, ordenadores, cobrar lo que haya pendiente de clientes y, con ese dinero pagar lo que debe la empresa a proveedores, bancos, Hacienda, etc. El dinero que sobre te lo quedas. Esta opción tiene sus inconvenientes: el proceso es largo, el precio de mercado de los activos no va coincidir con el registrado en los libros de contabilidad y no tiene en cuenta los compromisos adquiridos, alquileres, contratos de trabajo, etc. cuya cancelación implica costes. La segunda opción puede ser más rápida y menos costosa, consiste en vender el negocio completo, de este modo, la actividad sigue, los compromisos de la empresa continúan en vigor y son asumidos por los nuevos propietarios, tú recibes el dinero y te marchas. El reto es conseguir a alguien que la quiera comprar.

Alfonso tenía ya las ideas algo más claras, sin duda le interesaba vender la empresa. Era un negocio en funcionamiento, bien engrasado y que daba dinero, sólo tenía que encontrar a alguien dispuesto a invertir en él. Lo primero que hizo entonces fue ponerse en los zapatos del posible comprador; necesitaba a alguien que tuviera dinero o la posibilidad de conseguirlo y que estuviera dispuesto a realizar una inversión de la que esperaría una rentabilidad. ¡Esa era la clave! Tenía que mostrar su empresa como una inversión rentable, más rentable que poner el dinero en el banco, más rentable que los fondos de inversión, las acciones de bolsa o que comprar ladrillos.

Se puso entonces manos a la obra, buscó y rebuscó entre sus numerosos conocidos, proveedores, clientes, competidores, antiguos socios y elaboró una lista de candidatos, gente a la que podría interesarle el negocio. El segundo paso fue depurar esa lista, llevó a cabo indagaciones sobre cada uno de ellos con el fin de averiguar si tenían dinero disponible o posibilidades de tenerlo. Para ello fue útil obtener información del Registro Mercantil.

Al final se quedó con tres candidatos: Raimundo Sanz, dueño de una cadena de restaurantes, un hombre mayor, toda la vida dedicado a la hostelería y que en breve tendría que pasar el testigo a sus hijos; Alberto Hernández, un proveedor que había hecho dinero con las máquinas tragaperras y diversificó su negocio a través de empresas de suministros a bares, cafeterías y restaurantes; y Gisela Sánchez, una chica muy bien relacionada que con solo levantar el teléfono era capaz de traer uno o varios socios con el dinero suficiente como para comprar cien negocios como el suyo.

La siguiente fase consistió en preparar una presentación y elaborar un informe con los datos y la propuesta. Contendría la historia de la empresa, sus fuentes de ingresos, clientes, locales, ubicaciones, equipo, balances, cuentas de pérdidas y ganancias etc. Para elaborar la propuesta de venta basó la estrategia en la rentabilidad del accionista y la iba a enfocar desde dos vertientes, el histórico de esa rentabilidad y las expectativas futuras. Veámoslo gráficamente:

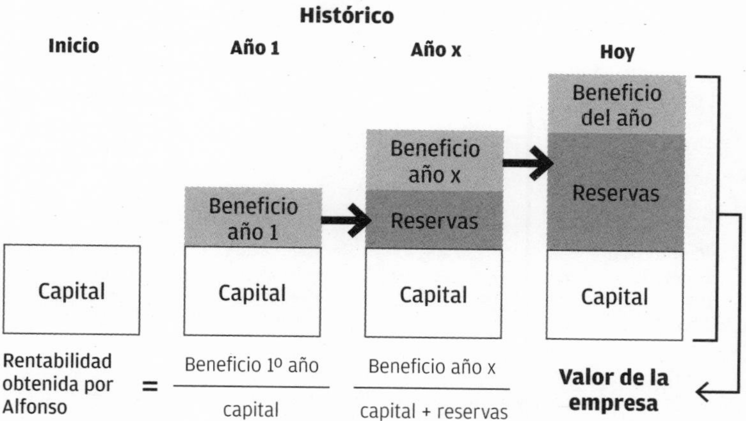

Cuando Alfonso montó el negocio tuvo que desembolsar un dinero para ponerlo en marcha (capital). Decidió dejar el beneficio en la empresa (reservas), por lo tanto el montante de su inversión aumentó. El beneficio de los sucesivos ejercicios comparado con la inversión que había acumulada (capital + reservas) reflejaba la rentabilidad de cada año. Por lo tanto, el valor de la empresa en el presente, transcurridos varios años desde su fundación, está formado teóricamente por el dinero que puso al principio más la suma de los beneficios acumulados y que no fueron retirados (capital + reservas, + beneficio).

Si el comprador tomara ese valor como referencia del desembolso que tendría que hacer y lo comparara con las expectativas futuras de beneficio (beneficio + 1, beneficio + 2, ...), rápidamente podría estimar la rentabilidad esperada de su inversión:

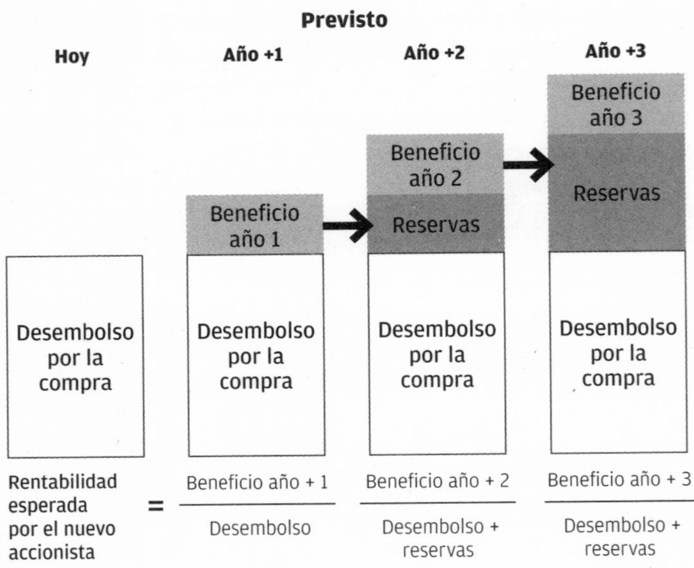

Ese es el razonamiento seguido por cualquier inversor, es decir, si la rentabilidad esperada no le convence, desestima la compra. Lo que hizo Alfonso entonces fue completar la tabla; no hacía falta dar cifras muy concretas, sabía que cualquier inversor rápidamente haría sus propios números.

Preparó la presentación y reunió a los tres candidatos. Le pareció que era una manera de comunicarles que había varios interesados. La presentación fue todo un éxito y todos acordaron estudiar el dossier y verse en un plazo aproximado de una semana, esta vez uno a uno.

Gisela Sánchez había leído a fondo el informe, lo traía subrayado y con anotaciones en los márgenes, aquello impresionó a Alfonso.

—Se trata de una empresa interesante, -explicó Gisela- sin duda sería una buena compra, más rentable que otras empresas del sector y con más posibilidades que cualquier inversión financiera. Sin embargo, es un negocio muy personalista, el éxito del mismo depende de ti; si tú no estás al frente no creo que el negocio sea tan bueno. Me interesan las empresas que no dependan tanto de las personas, que puedan funcionar con un buen equipo de dirección. Quiero invertir en empresas para obtener una rentabilidad y lo quiero hacer con un simple seguimiento, prefiero no estar preocupandome del día a día, por eso no es la inversión más adecuada para mí.

A Alberto Hernández el negocio le pareció demasiado arriesgado, estaba acostumbrado a empresas más sencillas, de comprar y vender.

Llegó el momento del tercer candidato. La entrevista con Raimundo Sanz fue algo más complicada, acudió a la cita con uno de sus hijos. Aunque parecía no haber abierto el informe desde la última vez que se vieron, sabía muy bien el terreno que pisaba:

—Mis hijos y yo hemos estado valorando las posibilidades de tu empresa, -explicó Raimundo-, no está mal y podría encajar dentro de mi negocio. No obstante, vemos una serie de escollos que no sé si serán salvables. Los locales están un poco viejos y necesitan una reforma; el sistema de gestión y administración también precisa de una renovación; crear una imagen de marca desde el principio y varios detalles más. Todo ello implica un desembolso de dinero adicional que hace que la rentabilidad de nuestra inversión se vea muy mermada.

Alfonso lo vio claro desde el mismo momento en que Raimundo terminó su exposición, estaba convencido de que habían asistido a la reunión con la intención de comprar la empresa.

Hoy Alfonso vive a ritmo de samba acompañado por el espectacular contorneo de las caderas de Rossita. Hay otros aspectos de esta historia que no me he atrevido a escribir y que los puedes encontrar en:
http://www.joaquinpuerta.com/2103/01/rossita

La rentabilidad del accionista

Para descubrir la clave de la rentabilidad del accionista tenemos que ponernos en la piel de un inversor, de alguien que está pensando en comprar la empresa, tal y como hizo Alfonso. Lo primero que haremos entonces será evaluar la rentabilidad que puede ofrecer el negocio y, para ello nos fijaremos en el histórico del rendimiento que arroja a los accionistas.

Ya sabemos que la rentabilidad es la proporción entre el beneficio y la inversión. También tenemos claro que las inversiones de la empresa se encuentran relacionadas en su activo, y que no todas esas inversiones pertenecen a los propietarios de la empresa ya que, una parte de las mismas, están financiadas con deudas con terceros. Veámoslo en el balance:

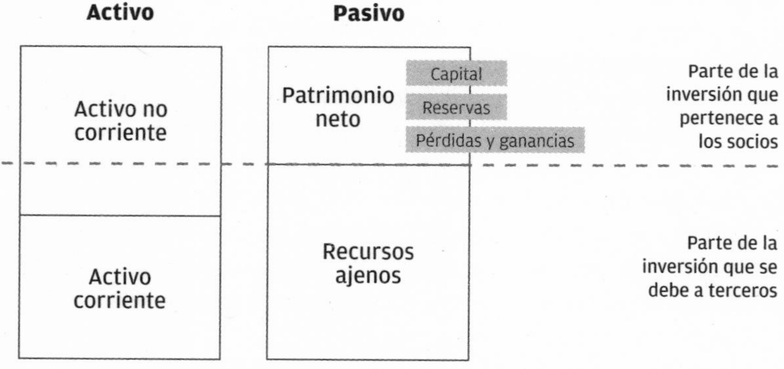

Por lo tanto, la rentabilidad del accionista mide el rendimiento de las inversiones que le pertenecen. Su cálculo es fácil, tomaremos el beneficio y lo compararemos con el patrimonio neto que vamos a encontrar en el balance del año anterior. Así obtendremos la rentabilidad que ha obtenido el accionista por su inversión en el último ejercicio.

$$\textbf{Rentabilidad obtenida por el accionista} = \frac{\text{Beneficio obtenido}}{\text{Patrimonio neto ejercicio anterior}}$$

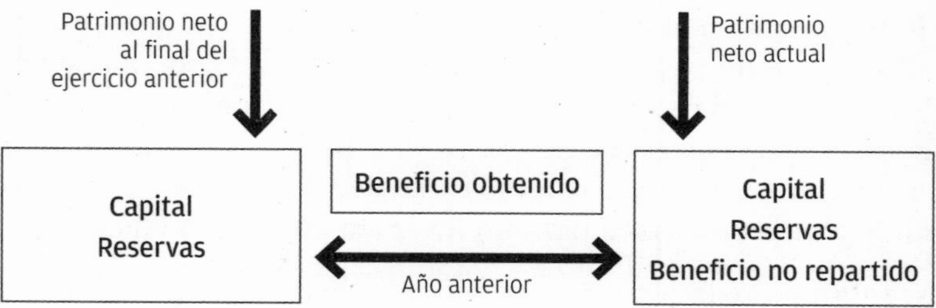

Si tenemos una idea del resultado esperado para el próximo año y lo comparamos con el patrimonio neto actual, sabremos cuál es la rentabilidad esperada por los accionistas en los próximos doce meses.

$$\textbf{Rentabilidad esperada por el inversor} = \frac{\text{Beneficio esperado}}{\text{Patrimonio neto actual}}$$

Una vez tengo los datos, cuando ya conozco la rentabilidad que la empresa ha ofrecido a los accionistas y, si puedo, la rentabilidad esperada, viene la parte más importante, interpretarlo. Para ello, tengo que hacerme las siguientes preguntas:

- ¿Invertiría yo en esa empresa teniendo en cuenta la rentabilidad que ha obtenido y la que puede obtener?
- ¿Querría invertir en esa empresa alguien que estuviera analizando sus cuentas?

Teniendo en cuenta que invertir en una pyme tiene un riesgo alto, hemos de exigir a su rentabilidad una prima, un plus sobre la rentabilidad de las inversiones sin riesgo que haga que merezca la pena correr ese riesgo. De este modo, podremos juzgar si la empresa de la que estamos estudiando sus cuentas es rentable y merece la pena para un inversor invertir en ella, o no.

Y, sobre todo, la respuesta dependerá de factores personales y subjetivos, lo que para uno es una rentabilidad suficiente para arriesgarse, para otros no merece la pena exponer su patrimonio, por lo tanto, la interpretación de la rentabilidad no está determinada por unas tablas, no es algo objetivo.

La Rentabilidad Financiera o ROE

La proporción entre el beneficio y el patrimonio neto, la parte de la inversión que pertenece a los socios o accionistas es un dato que a todos interesa, de ahí que esta proporción o ratio haya sido bautizada con un nombre, Rentabilidad Financiera o, en inglés, ROE *–Return on Equity–*. En cualquier informe economicofinanciero, en toda referencia al análisis de las cuentas de la empresa, vamos a poder encontrar este dato ya calculado. La interpretación deberá ser hecha por nosotros.

Resumen

La rentabilidad que la empresa ofrece al accionista va a determinar si el negocio es atractivo para sus socios y posibles inversores o, si por el por el contrario, sería preferible arriesgar el capital en otro sitio. Para ello, debemos calcular su Rentabilidad Financiera o ROE, que compara el beneficio con la parte de la inversión que pertenece a los socios, es decir el patrimonio neto.

$$\textbf{Rentabilidad financiera} = \frac{\text{Beneficio}}{\text{Patrimonio neto}}$$

Tendremos que comprobar que la rentabilidad para el accionista está por encima de las alternativas de inversión con menor riesgo existentes. La interpretación del riesgo es subjetiva y, lo que para unos es interesante, para otros puede no resultar suficiente.

11. Clave 6: ¿Le prestarías más dinero a esa empresa?

La valla del vecino

Vas a arreglar la valla de tu casa, la que te separa de tus vecinos y lo tienes que hacer a medias con ellos. El coste de la reparación es bastante elevado y tu vecino de la derecha te pide que te encargues tú de contratar una empresa para que ejecute el trabajo, pagues la obra y después él te dará su parte. El vecino de tu izquierda hace lo mismo, te comenta que prefiere que te encargues tú, que contrates a quien consideres oportuno, lo pagues y después te dará su parte del dinero.

No tienes mucha confianza con tus vecinos y además sabes que el de la derecha ha tenido problemas con la familia de su esposa debido a las deudas contraídas. Varias veces ha andado más que justo para llegar a final de mes y le debe bastante dinero a varios acreedores. Sin embargo, el de la izquierda finalizó ya el pago de su hipoteca y el coche que tiene, lo compró al contado.

Teniendo en cuenta que el importe de las dos vallas es una suma importante, ¿qué puedes hacer? ¿En cuál de los dos confiarías? La respuesta es obvia pero, cuando se trata de empresas, podemos ver en sus cuentas la capacidad que tiene el negocio de devolver su deuda. A eso le llamamos solvencia.

El grado de endeudamiento

La sexta clave nos lleva a descubrir la capacidad que tiene la empresa de hacer frente a sus deudas y, para ello, lo que tenemos que examinar será su nivel de endeudamiento. Cualquier acreedor, cualquier proveedor que, de un modo u otro, vaya a dar crédito a una empresa, deberá tener en cuenta, antes hacerlo, las deudas que ya tiene contraídas la misma. Cuanto más endeudada esté, hay más probabilidades de que no pueda atender todas las obligaciones a su vencimiento.

Observa la representación del balance de estas dos empresas:

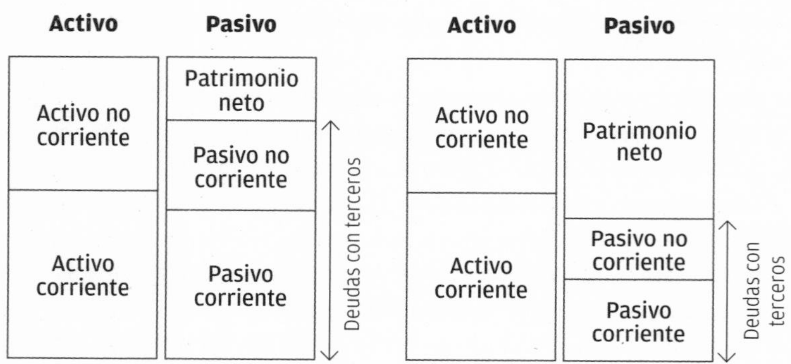

Si las dos vinieran a pedirte dinero o a que les sirvas tus productos o servicios, ¿a cuál de los dos le darías crédito? Fíjate en que las dos empresas tienen lo mismo, sus activos son iguales, pero la estructura de su pasivo es diferente: una se sostiene principalmente con las aportaciones de sus socios, que no son exigibles; y la otra, tiene la mayoría de sus obligaciones con terceros y hay que pagarlas. Tu deuda entraría en ese grupo, por lo tanto, cuanto mayores sean las deudas con terceros en proporción al patrimonio neto, más competidores habrá esperando a cobrar de los mismos recursos. En definitiva, si las dos empresas empiezan a tener problemas para generar dinero, los acreedores de la empresa de la izquierda tienen más probabilidades de quedarse sin cobrar que los de la empresa de la derecha.

Pero, ¿cuál es la proporción que podemos considerar adecuada de recursos propios sobre el total del pasivo? No existen unos parámetros fijos, ya que depende de varios factores, pero podemos establecer unos criterios que nos ayuden a aproximarlo. Vamos a partir de la base de que lo razonable podría ser exigir a la empresa que por cada euro que tengan prestado haya otro que pertenezca a los socios. Es decir, la estructura de su pasivo a priori, debería ser, 50% patrimonio neto y 50% deuda con terceros.

No obstante, si la empresa es capaz de generar caja y los bienes y derechos que conforman el activo son, en su mayoría, bienes muy líquidos, es decir, que con alta seguridad se van a convertir en dinero a corto plazo, podemos tolerar que el patrimonio neto se reduzca hasta el 30%, aproximadamente, del total del pasivo.

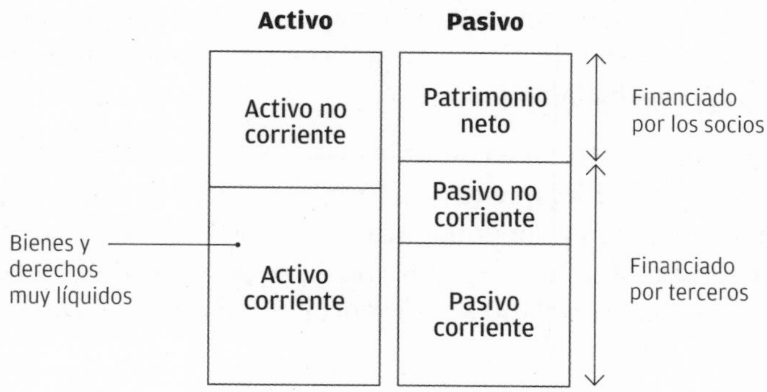

Esta circunstancia suele suceder en empresas comerciales y en todas aquellas que precisan poco inmovilizado y la mayor parte de sus inversiones están conformadas por circulante; mercaderías, derechos sobre clientes y tesorería.

La solvencia

Decimos que una empresa es solvente cuando su grado de endeudamiento es razonable, es decir, cuando debe poco dinero en relación con lo que tiene, por lo tanto, se presume que no tendrá dificultad para hacer frente a las obligaciones contraídas.

Existen varias formas de analizarlo, varios ratios, pero todos quieren decir lo mismo, por lo tanto, será suficiente con echar un vistazo a la proporción entre el patrimonio neto y el total del pasivo del balance.

Uno de los motivos más importantes para tener un nivel de endeudamiento razonable es la posibilidad de obtener, sin problemas, un extra de financiación. En más ocasiones de las deseables surgen dificultades imprevistas o, simplemente, una oportunidad de inversión en un momento determinado que no hay que desaprovechar; será entonces cuando tener asegurado el acceso a la financiación puede marcar la diferencia entre salir sin problemas del atolladero y aprovechar un buen negocio o, por el contrario, sentirse contra las cuerdas y ver cómo es otro quien aprovecha la ocasión.

A continuación, te voy a contar la historia de Vanesa, una mujer valiente y decidida, que tuvo un problema con la solvencia de su empresa en un momento que casi la llevó a la ruina, sin embargo, gracias a su fortaleza para no darse por vencida y un poco de ayuda para ver cómo se comporta el balance, fue capaz de superar la situación.

El tocador de Vanesa

Se enteró por el Boletín Oficial del Estado, y según leía el anuncio sintió el puñal adentrase entre los omóplatos. Su principal cliente había solicitado el concurso de acreedores. Cerca de veinticinco años trabajando juntos no había resultado tiempo suficiente para conocerse a fondo. El último pedido se había entregado hacía tres semanas, ya tenían que saber que no lo iban a pagar y aún así no tuvieron ningún reparo en recibirlo. La relación comercial había trascendido a lo largo del tiempo hacia una relación personal, por lo que Vanesa lo interpretó como una traición en toda regla.

El problema no había hecho más que empezar, Vanesa se defendía como podía en un mercado encarnizado donde las importaciones de zapatos de oriente estaban tirando los precios hasta límites insostenibles. Aún así Vanesa luchaba con un producto a base de calidad y diseño. Sin embargo, el golpe del concurso de acreedores era fatídico: sin ese cliente y sin el dinero que le debía, sabía que las posibilidades de supervivencia de su negocio serían casi nulas.

¿Qué les diría a sus padres? Habían confiado en ella la empresa de la familia. ¿Y a los trabajadores? Algunos de ellos la conocían desde que correteaba por el taller probándose los modelitos más llamativos. No podía dormir, sólo ella sabía a ciencia a cierta que aquello era el fin, que aguantarían dos, tres meses a lo sumo, pero después, no podrían seguir atendiendo los pagos y se verían obligados a cerrar.

A medida que se terminaban de confeccionar los encargos, los empleados veían con extrañeza que no entraban nuevos pedidos y los comentarios por lo bajo comenzaron a sembrar una incertidumbre que se percibía en el rostro de más de uno y más de dos. Y cuando la tensión iba en aumento, y a Vanesa no le quedaba otra que contar toda la verdad, llegó la oportunidad que podía salvar la situación. Un correo electrónico desde Dinamarca le invitaba a negociar un pedido con un distribuidor con el que llevaba meses intentando llegar a un acuerdo para introducirse en ese país. Inmediatamente se puso en marcha: videoconferencias, diseños exclusivos, escandallos de costes, envío de muestras, ofertas, contraofertas y al final un acuerdo que hizo llorar a Vanesa una vez se quedó sola en su despacho.

Había que ponerse manos a la obra, cuanto antes tuviera el pedido listo, antes cobraría y antes vendría el segundo pedido. Al día siguiente se reunió con su equipo, trazaron el plan de producción para poner fecha al envío, antes incluso del plazo acordado con el cliente. La empresa volvía a resurgir de lo que casi habían llegado a ser sus cenizas.

Vanesa tenía ante sí un número de pagos a gestionar para poder empezar a producir el pedido: tenía que comprar los materiales y encargar los procesos que hacían otras empresas, a final de mes tendría que pagar también las nóminas y las extras y, poco después, los impuestos del trimestre. Así, pues, se acercó al banco para pedir una ampliación de la línea de crédito. El director de la sucursal de toda la vida le pidió la documentación habitual en estos casos, balance y cuenta de resultados, declaraciones fiscales y algunas cosillas más.

Pasaron los días, los vencimientos se acercaban y del banco no había noticias, Vanesa suponía que, como de costumbre no habría problema con el crédito, pero se equivocaba. Finalmente decidió acercarse a la sucursal, el director la recibió en su despacho, su actitud era un poco diferente, sonrisa forzada y mirada esquiva. Abrió el expediente y le dijo:

—El banco ha denegado la operación, el departamento de riesgos considera que la solvencia de la empresa es insuficiente para ampliar el crédito.

La noticia dejó a Vanesa paralizada, no sabía si por lo inesperado de la misma o por las consecuencias que inmediatamente supo que tenía.

—Llevamos años trabajando juntos, siempre ha habido una confianza mutua, nunca me he molestado en buscar otras entidades para lograr mejores condiciones, incluso te hemos hecho favores personales contratando productos que no necesitábamos, simplemente para que cumplieras con tus objetivos. Sin embargo, ahora que necesitamos tu apoyo para poder salir de una seria dificultad, me das la espalda y no has tenido la valentía de decírmelo. Ahora no me queda tiempo para reaccionar.

El director se quedó callado, finalmente balbuceó el discurso que ya había utilizado más de una vez.

—Ya sabes como están las cosas, nos han quitado capacidad de decisión y ahora son los de riesgos los que resuelven.

Otra noche sin dormir, otra mañana sin motivos para levantarse. Ilusiones perdidas, incertidumbre y miedo. El nuevo día, soleado y triste, tenía como objetivo central ir al despacho de Nuria Vera, tenía que contarle lo sucedido y probablemente consultarle el mejor modo de poner fin a la pesadilla. Nuria escuchó con atención todo el relato y revisó algunos documentos mientras Vanesa concluía:

—Lo que más me duele es que digan que no somos solventes. Siempre hemos pagado puntualmente todos nuestros compromisos, incluso en los peores momentos. No hemos dudado en poner dinero del patrimonio familiar con el fin de no retrasar pagos.

Nuria miró el balance y, de un solo vistazo, pudo confirmar lo que ya intuía:

—Antes de presentar las cuentas de la empresa a cualquiera, hay que pasar por el tocador. Igual que tú necesitas mirarte al espejo para comprobar que estás presentable, las cuentas de nuestra empresa también necesitan una revisión para eliminar las imperfecciones provocadas por las prisas del día a día. Dicho de otra manera, la empresa es tan solvente hoy como hace un año, el problema es que hay algunas partidas que han afeado el balance, sólo tenemos que sentarnos, mirarlo con atención y volver a dibujar aquellos contornos que han hecho que con el tiempo pierdan su color luminoso.

—Y eso, ¿qué quiere decir?, -respondió Vanesa-.

—Fíjate en la estructura del balance, lo que el banco ve es que la proporción entre el patrimonio neto y el pasivo es muy justa. Si te prestaran el dinero, esa proporción empeoraría más aún y la solvencia de la empresa quedaría debilitada.

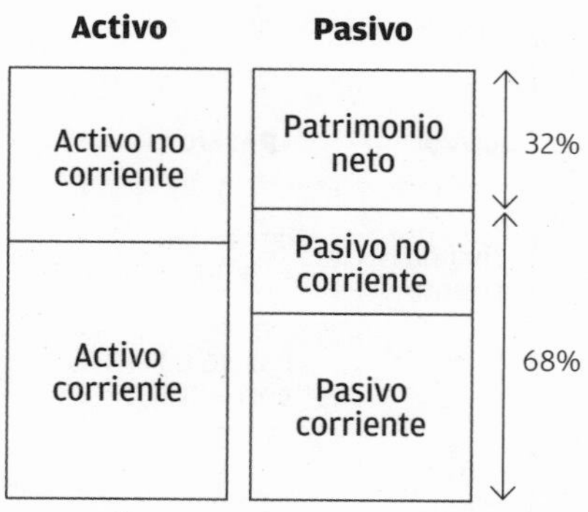

—Si nos fijamos con atención podremos buscar partidas en el pasivo del balance que fácilmente se pueden eliminar o minorar, lo que conseguiremos con ello es reducir la deuda con terceros y, por lo tanto la proporción entre el patrimonio neto y el pasivo exigible mejorará notablemente. La empresa es la misma, pero su imagen es mucho más solvente. Fíjate en estas tres partidas:

- Remuneraciones pendientes de pago. Aparece aquí una deuda con los trabajadores. Estoy segura de que en realidad no se les debe nada, que todo está al día, el problema es que las nóminas se pagan a principio del mes siguiente, por eso en el balance, el último día del mes aparecen como pendientes. La solución es muy sencilla, acostúmbrate a pagar el día 27 de cada mes y esta deuda no volverá a aparecer.

- Hacienda acreedora por IVA repercutido, representa el IVA devengado por las ventas. Podemos fácilmente minorar esta cuenta si tenemos cuidado de compensarle el IVA deducible. Entonces en el balance sólo aparecerá como deuda la diferencia, lo que realmente se le debe a Hacienda por IVA.
- Préstamos de socios. Este es el dinero personal que habéis puesto para atender los pagos. Si en lugar de ponerlo sin más y reconocerlo como una deuda corriente con terceros, lo documentamos haciendo una ampliación de capital o aportaciones para la compensación de pérdidas, si las hubiera, se reflejará en el balance como patrimonio neto en lugar de hacerlo como deuda exigible.

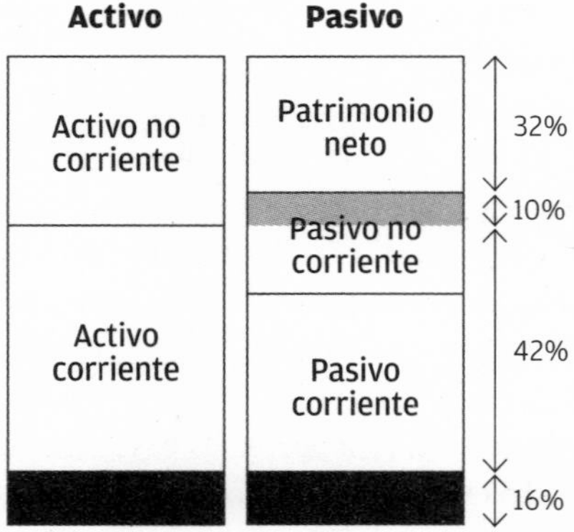

El resultado de estos tres sencillos cambios es que el pasivo se reduce. Sin embargo, lo realmente importante es ver como la proporción entre el patrimonio neto y la deuda con terceros aumenta considerablemente. Esto hace que el balance se presente como mucho más solvente.

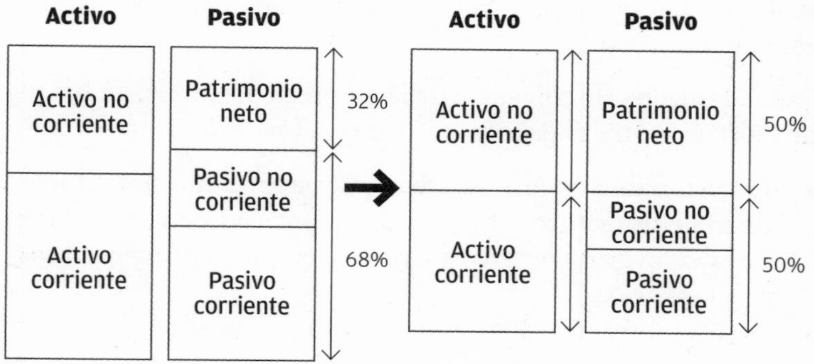

—¡Es realmente increíble! -dijo Vanesa sorprendida-, seguro que si seguimos profundizando en el detalle de las cuentas podremos encontrar más partidas que se pueden minorar o eliminar para mejorar todavía más la imagen del balance.

—Así es -contestó Nuria-, esto es lo que llamo pasar por el tocador antes de enseñar las cuentas de la empresa. Creo que ahora puedes volver a solicitar esa financiación que tanto necesitas.

Vanesa se despertó aquella mañana con el espíritu dominado por el valor, dispuesta a comerse el mundo. La empresa era la misma, ella era la misma, sin embargo, el paso por el tocador había dejado una huella en el balance y en su imagen mucho más profunda de lo que simplemente se podía ver desde fuera.

Esta vez la reunión en el banco fue diferente, cuando se sentaron alrededor de la mesa ella parecía mucho más alta y los demás más pequeñitos. Abrió su maletín, sacó la documentación y comenzó su exposición con la certeza de que conseguiría lo que había venido a buscar.

Resumen

La solvencia es la capacidad que tiene la empresa de garantizar suficientemente sus deudas. Decimos que una empresa es solvente cuando su nivel de endeudamiento es razonable y, por lo tanto, no tendrá problemas en hacer frente a las obligaciones contraídas.

Para comprobar la solvencia de la empresa debemos analizar la proporción entre el patrimonio neto y el pasivo:

- Lo razonable es que sea de 50% patrimonio neto y 50% deuda con terceros. Es decir, que por cada euro que haya que devolver, haya otro que no sea exigible porque pertenece a los socios.
- No obstante, cuando la empresa tiene capacidad para generar dinero y su activo está compuesto en su mayoría por bienes líquidos, esa proporción puede bajar hasta un máximo del 30% de patrimonio neto y 70% de deuda con terceros.

Por debajo de estos parámetros se considera que la empresa puede tener dificultades para afrontar los compromisos de pago adquiridos y deberá reducir deuda con terceros o recapitalizarse si quiere mejorar su solvencia.

12. Clave 7: ¿Devolverá lo que debe?

Imagina una promotora inmobiliaria, con un buen número de solares en el activo de su balance y poco endeudada; sin embargo, esa empresa en la actualidad no dispone de promociones en marcha, ni inmuebles a la venta, nada pendiente de cobro. Por otro lado, tiene un pequeño préstamo hipotecario al que ha de hacer frente todos los meses. ¿De dónde obtendrá el dinero para pagar sus obligaciones inmediatas? Esa empresa, a pesar de ser solvente por lo mucho que tiene y lo poco que debe, se encuentra con un problema de liquidez. Lo que trataremos en esta clave es determinar esa capacidad de hacer frente a las deudas a corto plazo y lo podemos hacer de dos formas, una más elaborada y otra más sencilla.

La forma elaborada consiste en comparar el EBITDA previsto con la deuda pendiente a corto plazo. Esta última es fácil de ver, la tenemos en el pasivo corriente, sin embargo, el EBITDA previsto es más complicado ya que, por un lado, no lo podemos determinar sin hacer algunos cálculos y, por otro y más importante, con la información que disponemos nos resulta prácticamente imposible realizar una previsión del mismo.

Como nuestro objetivo en esta clave es saber de un vistazo si podrá devolver lo que debe a corto plazo, nos centraremos en el modo sencillo de hacerlo y lo haremos de una forma muy intuitiva. Observa en el balance de estas dos empresas:

Alfa S.L.

Activo	Patrimonio neto + pasivo
Activo no corriente	Patrimonio neto
	Pasivo no corriente
Activo corriente	Pasivo corriente

Beta S.L.

Activo	Patrimonio neto + pasivo
Activo no corriente	Patrimonio neto
	Pasivo no corriente
Activo corriente	Pasivo corriente

¿Cuál de las dos piensas, a priori, que puede tener problemas para pagar lo que debe antes de un año?

Recuerda que el pasivo corriente está formado por las deudas que vencen en los próximos doce meses y que el activo corriente representa los bienes y derechos que la empresa tiene y que presumiblemente se van a convertir en dinero antes de un año. Por lo tanto, con lo que se va a ir convirtiendo en dinero, irá pagando las deudas que van venciendo. Si te fijas en el balance de ALFA, S.L., verás que probablemente no va a poder pagar toda su deuda a corto plazo.

En definitiva, cuando el activo corriente es menor que el pasivo corriente, podemos prever que la empresa va a tener problemas de liquidez en breve.

El fondo de maniobra

Es precisamente el fondo de maniobra la parte del activo corriente que supera al pasivo corriente. Ese exceso, colchón o margen de seguridad que la empresa debe tener de bienes y derechos más líquidos es lo que garantiza que la deuda a corto plazo va a ser pagada, aunque algunos de esos bienes y derechos no se convirtieran en dinero durante los próximos doce meses.

Encontrar el fondo de maniobra de un vistazo es bien sencillo, tanto si representamos gráficamente el balance, como si nos fijamos directamente en las cifras:

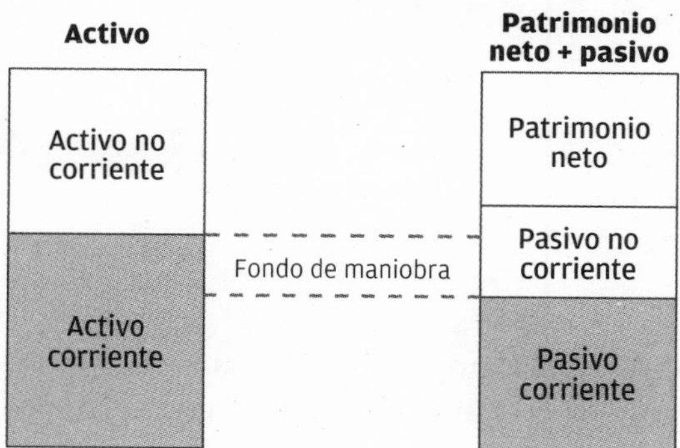

¿Qué tamaño ha de tener el fondo de maniobra?

Un fondo de maniobra ajustado genera dudas sobre la capacidad de pago, sin embargo, un fondo de maniobra holgado nos hace suponer que la empresa no tendrá problemas de liquidez pero, ¿cuál es entonces su tamaño adecuado? Dependerá de varios factores, el más importante, sin duda, es el tiempo medio en que la empresa ha de financiar sus operaciones, es decir, lo que tarda en vender y cobrar, menos el tiempo que los proveedores le dan de crédito. Lo verás mejor en este gráfico:

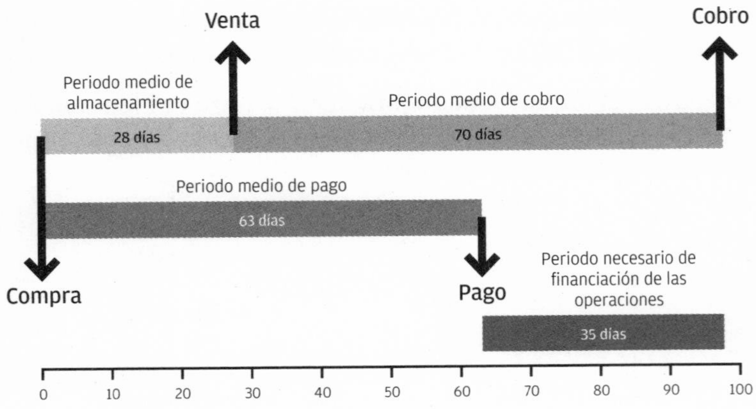

Cuanto mayor es el tiempo para financiar las operaciones, mayor tendrá que ser el fondo de maniobra que necesite la empresa. Por el contrario, una empresa que cobre antes de pagar, por ejemplo, las empresas de la gran distribución como El Corte Inglés o Alcampo, precisarán un fondo de maniobra menor, incluso podrían funcionar sin problemas con un fondo de maniobra negativo pero esto no suele ser lo más habitual.

Calcular, por lo tanto, el tamaño adecuado del fondo de maniobra no es tarea fácil, ni se puede hacer en un momento y, recuerda que nuestro objetivo en esta clave es saber, de un vistazo, si la empresa podrá hacer frente a sus deudas a corto plazo.

Cada sector de actividad tiene sus características y peculiaridades. Bien por el propio negocio que desarrolla, bien por los usos y costumbres del sector, podemos intuir si la diferencia entre el periodo de venta y cobro contra plazo de pago a proveedores es mayor o menor. De este modo sabremos que una empresa de construcción, o una fábrica de tornillos, necesitan un fondo de maniobra mayor que una discoteca o una tienda de alimentación. Entonces, rápidamente nos daremos cuenta de que:

Empresa A		Empresa B		Empresa C	
Activo	**Patrimonio neto + pasivo**	**Activo**	**Patrimonio neto + pasivo**	**Activo**	**Patrimonio neto + pasivo**
Activo no corriente	Patrimonio neto	Activo no corriente	Patrimonio neto	Activo no corriente	Patrimonio neto
	Pasivo no corriente		Pasivo no corriente		Pasivo no corriente
Activo corriente	Pasivo corriente	Activo corriente	Pasivo corriente	Activo corriente	Pasivo corriente

Empresa A: Previsiblemente podrá hacer frente a sus deudas a corto plazo sin problemas.

Empresa B: Corre un riesgo cierto de no poder pagar todos sus próximos compromisos ante cualquier circunstancia adversa, salvo que se trate de una empresa de un sector o actividad que precise poco fondo de maniobra.

Empresa C: Probablemente no va a ser capaz de hacer frente a sus obligaciones de pago a lo largo de los próximos meses, a no ser que sea un negocio que venda y cobre antes de pagar a sus proveedores.

En conclusión, para saber de un vistazo si una empresa será capaz de devolver lo que debe a corto plazo, hemos de examinar el fondo de maniobra e interpretar su tamaño en función de la actividad que realiza y el sector al que pertenece.

Sangre nueva

Manolo, experimentado director de sucursal bancaria con muchas cicatrices del campo de batalla, tenía varios expedientes complicados del día anterior: el inicio del proceso de embargo de un cliente de toda la vida, la enésima reclamación de otro que daba más trabajo que beneficio y el que tenía ahora mismo en sus manos, la denegación de un crédito a una pequeña empresa. El solicitante tenía nombre extranjero y apellido impronunciable, tecleó su NIE en el ordenador y vio que era nuevo en el banco, no poseía más información sobre él que la documentación del expediente, trató de navegar por internet y no halló coincidencias exactas y los resultados que aparecían estaban escritos en un idioma del que no entendía una sola palabra.

Tenía dos opciones: la cómoda y prudente era deshacerse de él, al fin y al cabo el departamento de riesgos había denegado la operación; y la intrépida, que suponía más esfuerzo y riesgo, consistía en conocer más sobre el cliente y averiguar si podía ser alguien por quien merecía la pena apostar. Así las cosas, le mandó un correo invitándole a citarse. Esperaba recibir respuesta a lo largo del día, sin embargo, no había cerrado el expediente cuando el ordenador indicó un nuevo mensaje recibido: «¿Le parece bien a las 8:30h?».

Hristo no tenía nada que ver con el tipo de persona que solía visitar a Manolo; vestía un pantalón amplio con bolsillos a los lados, camisa gruesa de cuadros y unos zapatos todo terreno. Tan sólo el nombre delataba que su origen no era español ya que hablaba perfectamente nuestro idioma.

—Veo que tienes una pequeña empresa de construcción, malos tiempos para este sector. -comenzó diciendo Manolo esperando ver su reacción-.

—Así es, hacemos pequeñas obras y reformas, ahora también quiero instalar piscinas prefabricadas, cada vez las hacen de mejor calidad, la obra es sencilla y salen bien de precio.

—Y, ¿cómo consigues los clientes?

—Ahora las cosas están complicadas, hay mucha competencia y los precios tienden a la baja. Por suerte ya llevo tiempo en el mercado y, cuando conocen cómo trabajas, unos clientes se lo dicen a otros. Hasta ahora no he tenido problema.

Manolo abrió el expediente, con la experiencia de mirar cientos de balances cada semana, y tardó un solo instante en ver por qué habían denegado a Hristo el crédito que solicitaba.

Activo	**Patrimonio neto + pasivo**
Activo no corriente	Patrimonio neto
	Pasivo no corriente
Activo corriente	Pasivo corriente

Para seguir su investigación, Manolo tenía que averiguar si había alguna razón para que ese fondo de maniobra fuera negativo o si se trataba realmente de una mala gestión. Comenzó a hacer preguntas sobre el inmovilizado para saber si se empleaban los recursos financieros en elementos productivos o lo primero que había hecho, como tantos otros, era comprarse la berlina de moda, el apartamento de la playa o algo similar.

Las respuestas de Hristo no dejaron lugar a dudas; el activo no corriente estaba formado por maquinaria de construcción, toda ella comprada de segunda mano y a buen precio a empresas que no habían superado la crisis. Todo estaba pagado excepto la furgoneta, único elemento nuevo financiado con un *leasing* al que le quedaban dos años aún.

En relación al activo corriente, Manolo esperaba de una empresa de construcción unas existencias abultadas por el valor de las obras que estaban curso y la cuenta de clientes también grande, por los plazos de cobro largos que se estilan en este sector.

—¿Tienes dificultades para cobrar a tus clientes?

—No, eso es algo que nos tomamos muy en serio. Casi todos nuestros clientes son particulares, huimos de las empresas que exigen que les financiemos su negocio. Nunca pedimos dinero por adelantado pero sí facturamos frecuentemente, a medida que vamos haciendo la obra, de tal manera que cobramos rápidamente los gastos en los que incurrimos. De este modo, si nos dejaran de pagar sólo habremos perdido nuestro margen y poco más.

—Cobrando tan pronto, ¿qué has hecho con el dinero?, ¿por qué no has pagado a los proveedores y demás deuda a corto plazo para reducir el pasivo corriente?

—Lo he dedicado a comprar más maquinaria. Si pagas al contado, ahora se pueden encontrar oportunidades increíbles; esto nos coloca en una muy buena posición para acometer cada vez proyectos más grandes a precios competitivos, ya que nos ahorramos los alquileres de las máquinas que siguen siendo caros.

—¿Y los proveedores, no se quejan de que les pagues tarde?

—Los proveedores están encantados, negociamos unos plazos que para nosotros son largos, sin embargo, para ellos es lo habitual. Incluso el resto de sus clientes se retrasan aún más y cuando llega la fecha acordada pagamos religiosamente, nunca les hemos fallado.

Manolo ya había descubierto por qué el fondo de maniobra era negativo, no es que la empresa tuviera dificultades para pagar su deuda, es que cobraba antes de pagar. Ahora tocaba conocer sus planes y como afectarían estos al balance.

—Entonces, ¿por qué solicitas una línea de crédito? -preguntó Manolo-.

—Nos ha salido una obra un tanto peculiar, vamos a reformar la casa de un conocido jugador de fútbol, tanto el interior como los exteriores. Quiere cosas muy especiales, varias bañeras de hidromasaje, un jardín tropical y materiales muy exclusivos. Los tenemos que adquirir a unos proveedores que no son habituales para nosotros, por lo que tendremos que financiar una parte de la obra.

Tras las palabras de Hristo, Manolo rápidamente imaginó cómo quedaría el nuevo balance si lograba el crédito que solicitaba.

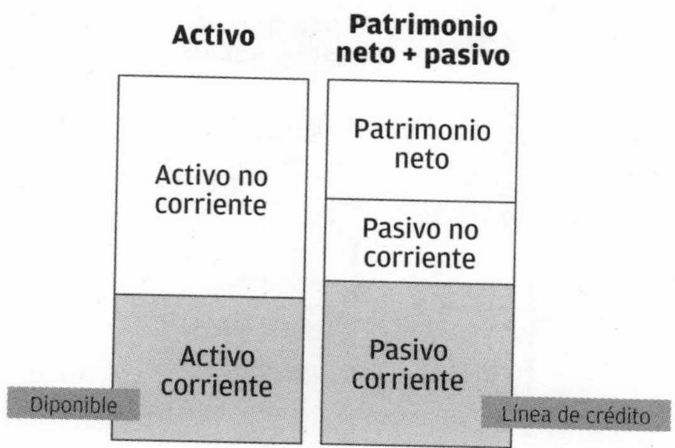

Y se dio cuenta de que pese al riguroso control de gestión que tenían, cualquier retraso en el ciclo de construcción, facturación y cobro ponía en riesgo la liquidez de la empresa y, por lo tanto, la capacidad para pagar las deudas que vencerían a corto plazo.

—Hristo, el proyecto pinta bien pero se sale de vuestra forma de trabajar, ¿realmente te interesa?

—Mucho, cuando esté finalizado saldrá en todas las revistas, eso reforzará nuestra imagen y nos abriría las puertas a nuevos proyectos. Si el boca oreja ha sido lo que nos ha permitido tener una buena cartera de clientes y que no nos falte el trabajo, imagina si tenemos la referencia de un personaje tan famoso.

Sin duda este tipo sabía lo que hacía -pensó Manolo-. Su olfato como viejo banquero le decía que ahí había negocio y futuro. Estaba dispuesto a partirse la cara por un tipo cuya única garantía eran seis días de trabajo a la semana y domingos haciendo presupuestos y papeles.

—Hristo, la operación que solicitas ha sido denegada por el banco. No obstante, te propongo realizar algunos cambios en el planteamiento y tramitaremos de nuevo la solicitud. Dividiremos la cantidad que pides en dos partes, por un lado un préstamo a largo plazo que aportará una base a la estructura financiera de la empresa y por otro, una póliza de crédito para la utilización variable del dinero en momentos precisos o por si surgen contratiempos, lo que te dará una flexibilidad a la hora de hacer pagos cuando tengas la necesidad o veas la oportunidad.

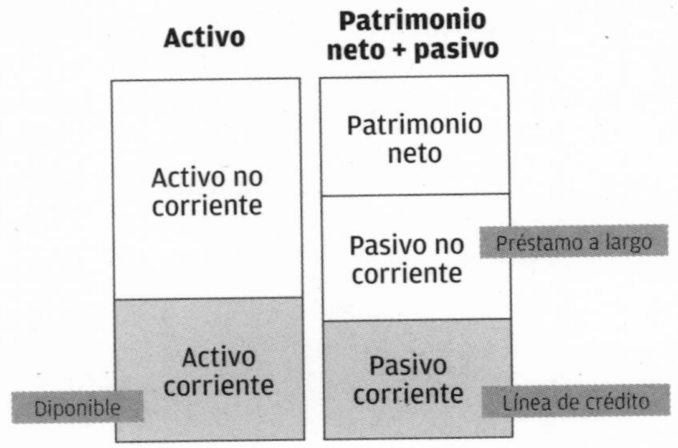

—Me parece una buena idea -respondió Hristo-, ¿piensas que así la operación será aprobada?

—Lo cierto es que la operación está mejor planteada y, por tanto, se incrementan las probabilidades de recibir la aprobación. Si además lo acompañamos de un plan de viabilidad donde se exponga el proyecto que me has contado y otros que tengas entre manos, así como la evolución previsible de las cuentas para demostrar que lo que pides se va a poder devolver, estoy seguro de que tu empresa se verá como un cliente con un potencial interesante, tal y como lo estoy percibiendo yo.

Resumen

La liquidez es la capacidad que tiene una empresa de hacer frente a sus compromisos de pago a corto plazo. Una empresa tiene liquidez cuando se prevé que no tendrá dificultades para conseguir el dinero necesario para atender los vencimientos de sus deudas. Existe más de una forma de prever si una empresa podrá devolver lo que debe pero, para hacerlo de un vistazo, simplemente nos fijamos en el fondo de maniobra, que está formado por la diferencia entre el activo corriente y el pasivo corriente. Nos podemos encontrar entonces con un fondo de maniobra:

- **Positivo:** no se prevén dificultades para que la empresa pueda atender sus vencimientos a corto plazo.
- **Negativo:** la empresa tendrá probablemente problemas para atender sus pagos en los próximos meses, salvo que se trate de un negocio que cobre a sus clientes antes de tener que pagar a sus proveedores.
- **Ajustado:** en este caso existe el riesgo de que, ante cualquier contingencia con la venta de las existencias o los cobros a clientes, no se pueda conseguir la liquidez suficiente para atender a los pagos.

Para evaluar la liquidez de la empresa no sólo hay que examinar el fondo de maniobra de una forma estática, sino que hay que hacerlo también de un modo dinámico, viendo su evolución, así podremos estimar su tendencia. Un fondo de maniobra que, pese a ser positivo, tiende a empequeñecerse está marcando un aviso de que si no se toman las medidas oportunas, se pueden generar problemas a largo plazo.

Parte III

El método para hacerlo rápido

13. El procedimiento

Después de estudiar con detalle cada una de las siete claves, ha llegado el momento de ordenar las ideas y establecer un método eficaz que nos lleve a determinar la situación de la empresa. Lo primero y fundamental es concretar desde el principio los objetivos de nuestro análisis, con el fin de establecer un procedimiento encaminado a alcanzarlos sin desviarnos.

El objetivo general consistirá en conocer cuál es la situación economicofinanciera de la empresa, es decir, la capacidad que tiene el negocio de generar beneficios y de hacer frente a sus obligaciones de pago. Además de este objetivo general puede haber otros más particulares que podemos plantearnos en cada caso: saber por qué esta empresa está teniendo problemas para atender sus compromisos de pago, conocer por qué a esta otra le han negado la financiación en el banco o determinar si interesa ampliar el negocio o es preferible buscar otro tipo de inversiones. Una vez conozcamos los objetivos, buscaremos cada una de las claves en las cuentas de la empresa –como si de un mapa del tesoro se tratara– e iremos anotando las conclusiones que nos aportan.

El proceso paso a paso con ejemplos

La fase previa es fundamental y consiste en recabar información extracontable sobre la empresa: actividad a la que se dedica, fuentes de ingresos, número de empleados, quiénes son los propietarios y cómo se dirige la empresa, historia y peculiaridades del negocio, si tiene o ha tenido algún problema, hechos relevantes (despidos, indemnizaciones, litigios, cambios en la estructura accionarial), tipo de clientes y proveedores, cómo paga y cobra, etc. Cuantos más datos logremos reunir, mejor podremos hacer nuestro diagnóstico final. Una vez obtenida fuera de las cuentas toda la información posible, iremos repasando una a una las siete claves.

Clave 1: Cómo es la empresa y qué buscamos

Esta clave, junto con la fase previa, tiene como objetivo situarnos, conocer ante qué tipo de empresa nos encontramos y cuál va a ser la orientación de nuestro análisis. Para ello, tomaremos la cuenta de resultados y observaremos dos datos y la proporción entre ellos.

Para determinar el tamaño del negocio, tomaremos el volumen de ventas, que junto con la información recabada, nos dará una imagen de las características de la empresa.

Posteriormente concretaremos la orientación que vamos a dar al análisis. Si nos encontramos con una empresa que tiene pérdidas, el objetivo se centrará es descubrir el motivo de las mismas. Sin embargo, si hallamos beneficio, encaminaremos el análisis hacia conocer cómo se ha formado ese excedente, si es adecuado y la probabilidad de que la empresa pueda mantenerlo en el tiempo. Para esto último, lo que tendremos que analizar será el margen –proporción entre el beneficio y la cifra de negocio–.

Lo que queremos saber	Examinamos
Tamaño	Cifra de negocio
Orientación del análisis	Resultado
Riesgo del beneficio	Margen neto

Veamos un ejemplo:

Pérdidas y ganancias	20x1	
Cifra de negocio	1.350.000	← 1º Volumen de ventas
Coste de las ventas	-1.012.500	
Margen bruto	*337.500*	
Gastos generales explotación	-180.000	
Beneficio neto de la explotación	*157.500*	
Resultados extraordinarios	-5.000	
Resultados financieros	-20.250	↑
BAI	*132.250*	3º Margen neto
Impuesto sobre el beneficio	-29.095	
Resultado neto	***103.155***	← 2º Beneficio o pérdida

	Miramos	Vemos	Conclusión
1º	Cifra de negocio	Entre 1 y 3 millones	Pequeña empresa
2º	Resultado	Beneficio	Orientación hacia la formación del mismo
3º	Margen	(BAI/ventas) Cerca del 10%	No es probable que el beneficio esté en riesgo

Observando sólo tres datos podemos concluir:

1. Que nos encontramos ante una pequeña empresa. En este contexto es imprescindible que tengamos en cuenta las características de los negocios de este tamaño.

2. Que tiene beneficios. En este apartado nuestro análisis estará orientado entonces hacia conocer si es un resultado adecuado a su tamaño, cómo se ha formado ese beneficio y si podrá mantenerlo en el tiempo

3. Que es un margen suficiente como para asumir una moderada reducción de ventas o aumento de gastos, sin que lleve al traste el beneficio.

Fíjate ahora en esta otra cuenta de resultados:

Pérdidas y ganancias	**20x1**	
Cifra de negocio	18.500.000	⟵ 1º Volumen de ventas
Coste de las ventas	-17.205.000	
Margen bruto	*1.295.000*	
Gastos generales explotación	-2.775.000	
Beneficio neto de la explotación	*-1.480.000*	
Resultados extraordinarios	1.930.000	
Resultados financieros	-344.100	
BAI	*105.900*	
Impuesto sobre el beneficio	-23.298	
Resultado neto	***82.602***	⟵ 2º Beneficio o pérdida

	Examinamos	**Vemos**	**Conclusión**
1º	Cifra de negocio	Más de 10 millones	Empresa grande
2º	Resultado	Beneficio	Orientación hacia la formación del mismo
3º	Margen	(BAI/ventas) 0,6% aprox.	Margen escaso. Alto riesgo de entrar en pérdidas

Las conclusiones que extraemos:

1. Que nos encontramos ante una empresa de un tamaño considerable.

2. Que tiene beneficios.

❸ Que ese beneficio es escaso en relación con el volumen de ventas, por lo tanto, existe un alto riesgo de que, ante cualquier contingencia, la empresa entre en pérdidas.

Clave 2: La cascada de resultados

Lo que queremos saber en esta clave es en qué parte de la cuenta de pérdidas y ganancias se ha generado el resultado, de este modo sabremos las características principales del mismo.

- Si el resultado neto es positivo, comprobaremos que el beneficio es fruto de la actividad propia de la empresa y no es engañoso o casual.
- Si el resultado neto es negativo, determinaremos si las pérdidas son coyunturales o, por el contrario, tienen un trasfondo estructural.

Lo que queremos saber	**Examinamos**
El origen del resultado	La cascada de márgenes

Retomemos los ejemplos:

Pérdidas y ganancias	**20x1**	
Cifra de negocio	1.350.000	
Coste de las ventas	-1.012.500	
Margen bruto	*337.500*	⟵ 1º
Gastos generales explotación	-180.000	
Beneficio neto de la explotación	*157.500*	⟵ 2º
Resultados extraordinarios	-5.000	⟵ 3º
Resultados financieros	-20.250	⟵ 4º
BAI	*132.250*	
Impuesto sobre el beneficio	-29.095	⟵ 5º
Resultado neto	***103.155***	

	Miramos	Vemos	Conclusión
1º	Margen bruto	Positivo	Situación normal
2º	Beneficio de explotación	Positivo y suficiente	Se genera en la actividad principal
3º	Resultados extraordinarios	Negativos y poco relevantes	Situación normal
4º	Resultados financieros	Negativos y coherentes	Situación normal
5º	Impuesto sobre beneficios	Proporcional al BAI	Situación normal

Conclusiones:

1. La empresa obtiene un margen positivo por lo que vende.
2. La actividad principal es la que genera el grueso del beneficio.
3. Los resultados ajenos a la actividad principal no incrementan ni distorsionan el beneficio.
4. La Hacienda Pública recoge su parte proporcional del beneficio.

En definitiva, la cascada de resultados es normal, el beneficio se genera en la actividad y no es alterado por resultados ajenos al negocio.

El otro ejemplo:

Pérdidas y ganancias	**20x1**	
Cifra de negocio	18.500.000	
Coste de las ventas	-17.205.000	
Margen bruto	*1.295.000*	⟵ 1º
Gastos generales explotación	-2.775.000	
Beneficio neto de la explotación	*-1.480.000*	⟵ 2º
Resultados extraordinarios	1.930.000	⟵ 3º
Resultados financieros	-344.100	⟵ 4º
BAI	*105.900*	
Impuesto sobre el beneficio	-23.298	⟵ 5º
Resultado neto	***82.602***	

	Miramos	**Vemos**	**Conclusión**
1º	Margen bruto	Positivo	Situación normal
2º	Beneficio explotación	**Negativo**	**Pérdidas en la actividad**
3º	Resultados extraordinarios	**Positivos y relevantes**	**Beneficio generado fuera de la actividad**
4º	Resultados financieros	Negativos y coherentes	Situación normal
5º	Impuesto sobre beneficios	Proporcional al BAI	Situación normal

Conclusiones:

1. La empresa obtiene un margen positivo por lo que vende.
2. El margen obtenido es insuficiente para cubrir los gastos de explotación, lo que provoca pérdidas en la actividad normal de la empresa.

3. Los resultados extraordinarios son tan positivos que hacen que las pérdidas en la actividad se conviertan en beneficio y distorsionen el resultado neto.

4. El resultado financiero es negativo y coherente.

5. El BAI es gravado de forma proporcional por el correspondiente impuesto.

En resumen, la cascada de resultados nos alerta. El negocio en sí genera pérdidas y éstas son enjuagadas por resultados positivos ajenos a la actividad propia de la empresa.

Clave 3: La calidad del crecimiento

A través de esta clave buscamos conocer el comportamiento de la actividad en términos de ventas y de beneficio. Veremos si el negocio se expansiona o se contrae y cómo responde el beneficio a la evolución de la cifra de negocio.

Lo que queremos saber	**Examinamos**
Evolución del negocio	Crecimiento de las ventas
Evolución del resultado	Crecimiento del beneficio
La calidad del crecimiento	Relación evolución ventas - beneficio

Veámoslo en estos ejemplos:

Pérdidas y ganancias	**20x1**	**20x0**	
Cifra de negocio	1.350.000	1.215.000	← 1º Incremento de ventas
Coste de las ventas	-1.012.500	-877.595	← 3º Incremento del coste de ventas
Margen bruto	*337.500*	*337.406*	
Gastos generales explotación	-180.000	-180.000	← 4º Mantenimiento costes fijos
Beneficio neto de la explotación	*157.500*	*157.406*	← 2º Variación del resultado
Resultados extraordinarios	-5.000	-2.000	
Resultados financieros	-20.250	-17.552	
BAI	*132.250*	*137.854*	
Impuesto sobre el beneficio	-29.095	-30.328	
Resultado neto	***103.155***	***107.526***	← 2º Variación del resultado

	Miramos	**Vemos**	**Conclusión**
1º	Variación de las ventas	Positiva, un 11%	En expansión
2º	Variación del resultado	Resultado explotación 0% Resultado neto -4%	**El crecimiento no es de calidad**
3º	Variación del coste de ventas	**> Incremento ventas un 15% aprox.**	**Se vende con menor margen**
4º	Variación de los gastos generales de explotación	No varían	Mayor actividad con la misma estructura

Conclusiones:

1. La empresa está en expansión, sus ventas crecen.
2. El resultado no acompaña al crecimiento de las ventas. El beneficio de explotación se mantiene constante y el resultado neto incluso disminuye. El crecimiento de la empresa no es de calidad.
3. El motivo se encuentra en que vende con menos margen. Lo sabemos porque el incremento del coste de ventas es superior al crecimiento de la cifra de negocio.
4. Sin embargo, la empresa ha sido capaz de generar más actividad con la misma estructura. Esto nos lo indican los gastos generales de explotación que se han mantenido constantes.

En resumen, la empresa se encuentra en expansión pero esta expansión no es de calidad, ya que no viene acompañada de un crecimiento igual de beneficio. El motivo se encuentra en que se ha vendido más sacrificando el margen.

Veamos ahora esta otra cuenta de resultados:

Pérdidas y ganancias	**20x1**	**20x0**	
Cifra de negocio	18.500.000	21.500.000	← 1º Incremento de ventas
Coste de las ventas	-17.205.000	-20.640.000	← 4º Incremento del coste de ventas
Margen bruto	*1.295.000*	*860.000*	
Gastos generales explotación	-2.775.000	-3.870.000	← 5º Incremento costes fijos
Beneficio neto de la explotación	*-1.480.000*	*-3.010.000*	← 2º Variación del resultado
Resultados extraordinarios	1.930.000	0	← 6º Incremento extraordinarios
Resultados financieros	-344.100	-412.800	
BAI	*105.900*	*-3.422.800*	
Impuesto sobre el beneficio	-23.298	753.016	
Resultado neto	***82.602***	***-2.669.784***	← 3º Variación del resultado neto

	Miramos	**Vemos**	**Conclusión**
1º	Variación de las ventas	Negativa, un -14%	En contracción
2º	Variación del resultado de explotación	Las pérdidas se reducen a la mitad	Mejora en la gestión
3º	Variación del resultado neto	Las pérdidas desaparecen	**Existe algún hecho extraordinario**
4º	Variación del coste de ventas	< Incremento ventas un 17% aprox.	Mejora el margen al que vende
5º	Variación de los gastos generales de explotación	Se reducen casi un 30%	Se encuentra en reestructuración
6º	Variación de los gastos extraordinarios	Casi 2 millones	Probablemente haya desinvertido

Conclusiones:

1. La empresa está en contracción, sus ventas disminuyen.
2. Las pérdidas se reduce a la mitad, lo que denota una mejora en la gestión.
3. Desaparecen las pérdidas, gracias a algún hecho extraordinario fuera de la actividad propia de la empresa.
4. El coste de las ventas se reduce más aún que la propia cifra de negocio, lo que nos indica que se está vendiendo con un mayor margen.
5. Una reducción de los gastos generales de explotación indica claramente que la empresa se encuentra en plena reestructuración, con el fin de intentar salir cuanto antes de las pérdidas.
6. Un resultado extraordinario tan elevado, junto con la conclusión anterior, nos lleva a pensar que la empresa ha vendido activos para redimensionar su estructura y poder salvarse de la quiebra.

En resumen, dada la evolución del negocio, vemos que la empresa se encuentra en proceso de reestructuración. Ha reducido su tamaño en volumen de negocio e inversiones, logrando reducir las pérdidas. Ahora vende con mejores márgenes y menos medios. Si este proceso de reestructuración se completa podrá, en un futuro, volver a obtener beneficios en su actividad y salir de una situación que se ha visto complicada.

Clave 4: Por lo que tiene la conocerás

El objetivo de la cuarta clave reside en saber si el volumen del activo de la empresa, es decir de sus inversiones, está en consonancia con la actividad que desarrolla y si está proporcionado con el beneficio que obtiene. Analizaremos entonces la estructura del activo buscando si es excesiva o si alguna partida está sobredimensionada. Posteriormente comprobaremos si el beneficio es suficiente y proporcional a la inversión realizada.

Lo que queremos saber	**Examinamos**
Volumen y proporción de las inversiones	Estructura del activo
Beneficio adecuado a las inversiones realizadas	ROI: Relación BAII - activo

Lo aplicamos en el ejemplo:

Activo	**20X1**
Inmovilizado	267.300
Activo corriente	1.514.700
Existencias	133.650
Clientes	**1.274.130**
Tesorería	106.920
Total activo	***1.782.000***

Pérdidas y ganancias	**20x1**
Cifra de negocio	**1.350.000**
Coste de las ventas	-1.012.500
Margen bruto	*337.500*
Gastos generales explotación	-180.000
Beneficio neto de la explotación	*157.500*
Resultados extraordinarios	-5.000
BAII	***152.500***
Resultados financieros	-20.250
BAI	*132.250*
Impuesto sobre el beneficio	-29.095
Resultado neto	***103.155***

	Miramos	**Vemos**	**Conclusión**
1º	Activo	Activo corriente sobredimensionado	Posible anormalidad
2º	Activo corriente	Cuenta de clientes excesiva	Posible problemas en los cobros
3º	Ventas / clientes	Los clientes deben casi la totalidad de las ventas	**Se confirman problemas en la gestión de cobros**
4º	BAII / Activo	8,5% aprox.	La rentabilidad supera el coste de la financiación

Conclusiones:

1. Posible anormalidad, ya que el activo corriente es mucho mayor que el inmovilizado.
2. Sospechamos que la cuenta de clientes está sobredimensionada. Hay que confirmarlo comparándolo con la cifra de negocio.
3. Efectivamente, los clientes deben casi la totalidad de las ventas del año. Esta empresa, sin duda, tiene problemas con la gestión de sus cobros.
4. La rentabilidad supera el coste medio de financiación, por lo que podemos considerar que el beneficio es adecuado al tamaño de la inversión.

   Nota: Para calcular la rentabilidad, tomamos como beneficio el BAII con el fin de aislarlo de la gestión financiera y de la política fiscal.

Clave 5: ¿Comprarías la empresa?

La quinta clave nos invita a comprobar si la empresa es una buena inversión para el accionista o propietario y, por lo tanto, si merece la pena haberla realizado y mantener el negocio.

Para llevar a cabo esta evaluación, tendremos en cuenta la rentabilidad de inversiones alternativas que pudiera llevar a cabo el empresario y la compararemos con la rentabilidad que la empresa ofrece a sus socios, así sabremos si les ha sido interesante invertir aquí su dinero.

En esta clave tendremos que calcular la rentabilidad financiera. Es muy sencillo, de un vistazo podremos obtenerla mirando la proporción entre el beneficio neto y el patrimonio neto al inicio del periodo.

Lo que queremos saber	**Examinamos**
Rentabilidad adecuada para el accionista	Rentabilidad financiera: Relación Beneficio - Patrimonio neto

Intenta descubrirla en el ejemplo:

Pérdidas y ganancias	**20x1**
Cifra de negocio	1.350.000
Coste de las ventas	-1.012.500
Margen bruto	*337.500*
Gastos generales explotación	-180.000
Beneficio neto de la explotación	*157.500*
Resultados extraordinarios	-5.000
BAII	*152.500*
Resultados financieros	-20.250
BAI	*132.250*
Impuesto sobre el beneficio	-29.095
Resultado neto	***103.155***

Tomamos el beneficio neto debido a que es el que corresponde íntegramente a los socios. Por otro lado buscamos en el balance el patrimonio neto al inicio del periodo, ya que es la parte de la inversión que pertenece a los socios en el momento en el comienza a generarse el beneficio que estamos tomando.

Patrimonio neto + pasivo	**20x1**	**20x0**
Patrimonio neto	873.180	**770.025**
Pasivo no corriente	374.220	352.635
Pasivo corriente	534.600	481.140
Total patrimonio neto • pasivo	*1.782.000*	*1.603.800*

Con una inversión de 770.000 € los socios han logrado atribuirse un beneficio neto de 103.000 € lo que supone una rentabilidad aproximada del 17%.

¿Es éste un rendimiento adecuado para su inversión? ¿Podrían haber logrado una rentabilidad mayor si hubieran puesto su dinero en otro sitio con un riesgo similar o inferior? ¿Pueden los socios sentirse satisfechos habiendo puesto su patrimonio en esta empresa? Si tuvieras la oportunidad, ¿invertirías en esta empresa?

La respuesta a estas cuestiones tiene, sin duda, un componente subjetivo, pero el sentido común nos ha de llevar a extraer conclusiones comparando esta rentabilidad con la obtenida por las alternativas de inversión más comunes y, sobre todo, con inversiones sin riesgo como son los depósitos bancarios o la deuda soberana.

	Miramos	**Vemos**	**Conclusión**
1º	Resultado neto / Patrimonio neto	17% aprox.	Rentabilidad adecuada

Conclusiones:

1. La empresa ofrece a sus accionistas una rentabilidad adecuada.

Clave 6: ¿Le prestarías más dinero a esa empresa?

El objetivo de la sexta clave está basado en la solvencia, es decir, en comprobar lo endeudada que se encuentra la empresa y si estaría en condiciones de asumir más financiación. Una empresa poco solvente puede tener problemas a la hora de hacer frente a sus obligaciones de pago, sobre todo si surge alguna circunstancia adversa. Además, tiene limitada su capacidad de crecimiento al no poder acceder a una mayor financiación para realizar inversiones.

Detectar la solvencia de la empresa es muy sencillo, sólo hay que mirar el pasivo del balance y ver la proporción entre el patrimonio neto, que es la deuda no exigible, y los recursos ajenos, aquellos que hay que devolver. Lo deseable es que por cada euro que se deba a terceros, hubiera otro euro puesto por los socios. No obstante, si la composición del activo es muy líquida, esta proporción puede reducirse y llegar a que el patrimonio neto sea de un 30% del total de la estructura financiera del negocio.

Lo que queremos saber	**Examinamos**
La solvencia de la empresa	Grado de endeudamiento: Relación patrimonio neto / pasivo

Observa de nuevo la estructura financiera del balance:

Patrimonio neto + pasivo	**20x1**	**20x0**
Patrimonio neto	**873.180**	770.025
Pasivo no corriente	374.220	352.635
Pasivo corriente	534.600	481.140
Total patrimonio neto • pasivo	***1.782.000***	*1.603.800*

	Miramos	**Vemos**	**Conclusión**
1º	Patrimonio neto / Total	48% aprox.	Endeudamiento adecuado

Conclusiones:

❶ La empresa es solvente, su estructura financiera presenta un nivel de endeudamiento adecuado.

En resumen, no presenta riesgo evidente de no poder pagar su deuda; incluso parece tener capacidad para endeudarse un poco más si lo precisa en un momento determinado.

Prueba de nuevo con este otro balance, es un poco más difícil:

BALANCE DE SITUACIÓN					
Activo	**20x1**	**20x0**	**Patrimonio neto + pasivo**	**20x1**	**20x0**
Inmovilizado	41.072.000	60.372.000	**Patrimonio neto**	**23.302.602**	23.220.000
			Pasivo no corriente	23.184.398	27.864.000
Activo corriente	25.338.000	32.508.000	Pasivo corriente	19.923.000	41.796.000
Total activo	*66.410.000*	*92.880.000*	***Total patrimonio neto + pasivo***	***66.410.000***	*92.880.000*

	Miramos	**Vemos**	**Conclusión**
1º	Patrimonio neto / Pasivo	35% y 25% en 20x1 y 20x0	Endeudamiento excesivo
2º	Inmovilizado / Activo	62% y 65% en 20x1 y 20x0	La mayor parte del activo es poco líquido

Conclusiones:

1. El nivel de endeudamiento es excesivo. Comprobaremos si se lo puede permitir verificando si las inversiones son muy líquidas.
2. La mayor parte del activo está formada por inmovilizado, inversiones poco líquidas, esto nos confirma que el endeudamiento es excesivo.

En resumen, la empresa presenta un exceso de deuda y puede tener problemas de solvencia. Su crecimiento está limitado al no poder asumir más deuda para llevar a cabo nuevas inversiones.

Clave 7: ¿Devolverá lo que debe?

A través de la séptima clave buscamos conocer la capacidad que la empresa tiene para hacer frente a sus obligaciones de pago a corto plazo. Ahora, por lo tanto, nos interesa asegurarnos de que no va a tener problemas para atender la deuda con vencimiento próximo. Para ello, buscaremos en su balance el fondo de maniobra con el fin de asegurarnos de que la deuda a corto plazo es inferior a las inversiones que se van a convertir en dinero en ese mismo periodo de tiempo.

Lo que queremos saber	**Examinamos**
Liquidez: capacidad para pagar las deudas de corto plazo	El fondo de maniobra y su evolución

Si tenemos el balance representado gráficamente, lo podremos apreciar de un vistazo:

BALANCE DE SITUACIÓN

Activo	**20x1**	**20x0**	**Patrimonio neto + pasivo**	**20x1**	**20x0**
Inmovilizado	1.034.986	994.998	Patrimonio neto	940.896	952.657
			Pasivo no corriente	446.926	317.552
Activo corriente	**1.317.254**	1.122.018	**Pasivo corriente**	**964.418**	846.806
Total activo	*2.352.240*	*2.117.016*	*Total patrimonio neto + pasivo*	*2.352.240*	*2.117.016*

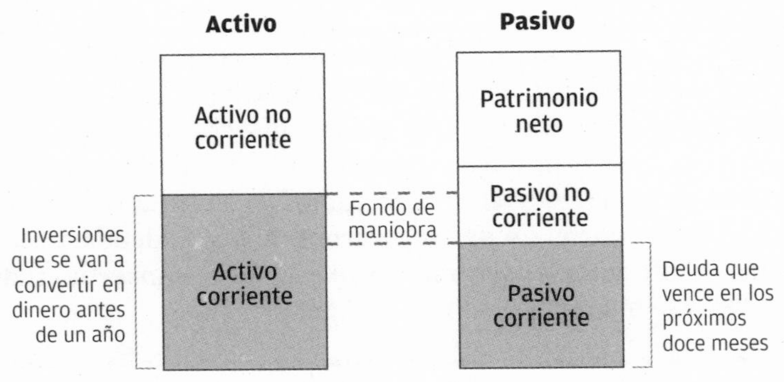

	Miramos	Vemos	Conclusión
1º	Activo circulante menos Pasivo circulante	Fondo de maniobra positivo	No se prevén problemas de liquidez
2º	Evolución del fondo de maniobra	Estable	No se deteriora

Conclusiones:

1. El fondo de maniobra es positivo, no se prevé que vaya a tener problemas de liquidez.

2. El fondo de maniobra ha evolucionado de una forma estable. No crece, y lo más importante es que no se deteriora.

En resumen, la empresa dispone o va a disponer de liquidez suficiente para atender los vencimientos de deuda a corto plazo. En definitiva, no es probable que tenga problemas para hacer frente a sus deudas a corto.

Mira este otro ejemplo, ¿eres capaz de verlo tú mismo?:

BALANCE DE SITUACIÓN

Activo	**20x1**	**20x0**	**Patrimonio neto + pasivo**	**20x1**	**20x0**
Inmovilizado	18.384.894	16.269.018	Patrimonio neto	13.546.764	14.391.824
			Pasivo no corriente	5.160.672	3.441.523
Activo corriente	**13.869.306**	**15.017.556**	**Pasivo corriente**	**13.546.764**	**13.453.227**
Total activo	***32.254.200***	***31.286.574***	***Total patrimonio neto + pasivo***	***32.254.200***	***31.286.574***

	Miramos	**Vemos**	**Conclusión**
1º	Activo circulante menos pasivo circulante	Fondo de maniobra muy ajustado	Posibles problemas de liquidez
2º	Evolución del fondo de maniobra	Decreciente	Se deteriora

Conclusiones:

1. El fondo de maniobra es prácticamente nulo, cualquier fallo en la gestión de ventas o cobros puede acarrear tensiones tesorería.

2. La liquidez del negocio se deteriora con el tiempo.

En resumen, la empresa tiene una liquidez muy ajustada que se ha ido deteriorando con el tiempo. Resulta imprescindible analizar las causas de este deterioro y tomar las medidas correctoras necesarias. En caso contrario, es probable que tenga problemas para hacer frente a sus deudas a corto plazo.

Doctor, dígame qué padezco

Una vez obtenidas las conclusiones de cada una de las siete claves, llegar a un diagnóstico es muy sencillo, sólo tendremos que repasar esas conclusiones y ponerlas en el contexto adecuado, junto con la información extracontable que también hemos recabado. Rápidamente y de forma intuitiva estaremos en situación de hacer un juicio acertado. Un ejemplo de cómo podría hacerse en el caso que hemos venido analizando se expone a continuación.

Nos encontramos ante una empresa que se dedica a trabajar el hierro. Por un lado realiza trabajos para el cliente final (rejas para ventanas, vallas y similares) y, por otro, trabajos industriales (soportes metálicos, mobiliario urbano, etc.). El negocio pertenece a dos socios que trabajan en la propia empresa; lo fundaron hace cuatro años y desde entonces no ha dejado de crecer en todos los aspectos (ventas, inversiones, trabajadores, etc.), gracias a la vocación comercial de sus propietarios. La gestión contable y financiera se encuentra externalizada y las decisiones importantes se toman de forma consensuada entre los dos socios. Hemos revisado sus cuentas llegando a las siguientes conclusiones:

Clave	Cuestión	Conclusiones
1º	Tamaño	Pequeña empresa
	Resultado	Beneficio suficiente
	Margen	Poco riesgo de pérdida
2º	Origen del beneficio	La actividad propia de la empresa
	Cascada de resultados	Normal

3º	Evolución de ventas	En expansión
	Evolución del resultado	Creciendo
	Calidad del crecimiento	El crecimiento de la empresa ha sido de calidad
4º	Estructura del activo	Activo corriente sobredimensionado
		Problemas en cobros a clientes
	Rentabilidad económica	Beneficio adecuado a la inversión
5º	**Rentabilidad financiera**	Los accionistas reciben una rentabilidad adecuada
6º	**Solvencia**	Endeudamiento adecuado
7º	Fondo de maniobra	Positivo y estable
	Liquidez	No se prevén problemas a corto plazo

Diagnóstico:

La empresa goza de una buena capacidad para generar un beneficio adecuado a su estructura de costes e inversiones y ofrece una buena rentabilidad a sus accionistas. No se consideran problemas para hacer frente a sus obligaciones de pago y todavía goza de capacidad de endeudamiento si lo precisara. Sin embargo, se aprecia un sobredimensionamiento en la cuenta de clientes, lo que indica problemas en la gestión de cobros que, si no se resuelven, podrían traer en el futuro problemas de liquidez y lastrar la rentabilidad.

Veamos otro ejemplo bien distinto:

Empresa grande de origen familiar, gestionada por un equipo profesionalizado y dirigida por un Consejo, en el que la mitad de sus miembros son nietos del fundador. La actividad principal es la fabricación de bollería industrial, exportando la mitad de la producción. Desde hace un tiempo está atravesando dificultades, ha llevado a cabo un expediente de regulación de empleo (ERE) y actualmente se encuentra en proceso de reestructuración. Revisando sus cuentas hemos extraído las siguientes conclusiones:

Clave	Cuestión	Conclusiones
1º	Tamaño	Empresa grande
	Resultado	Beneficio
	Margen	Escaso. Alto riesgo de pérdidas
2º	Origen del beneficio	**La actividad genera pérdidas**
	Cascada de resultados	**El beneficio se genera en los extraordinarios**
3º	Evolución de ventas	En contracción
	Evolución del resultado	Mejorando. Tanto el resultado neto como el de explotación.
	Calidad del crecimiento	La evolución de la empresa ha sido positiva. A pesar de la contracción de las ventas el resultado ha mejorado.
4º	Estructura del activo	Actualmente normal. Vemos como se reduce de un año a otro.
		La desinversión es lo que probablemente genera el resultado extraordinario positivo
	Rentabilidad económica	Normal. Tener en cuenta que el beneficio no se genera en la actividad
5º	**Rentabilidad financiera**	Escasa
6º	**Solvencia**	**Ajustada. No tiene capacidad de mayor endeudamiento.**
7º	Fondo de maniobra	Positivo, ha mejorado notablemente.
	Liquidez	No se prevén problemas a corto plazo

Diagnóstico:

La empresa presenta una situación económica desfavorable ya que su actividad genera pérdidas. Sin embargo, la evolución está siendo positiva gracias a la reestructuración que está llevando a cabo gracias a una reducción de costes. El proceso de desinversión realizado con la venta de inmovilizado ha generado beneficios y la ha dotado de la liquidez necesaria para equilibrar su situación financiera. Su capacidad de endeudamiento está limitada pero no se prevén problemas a corto plazo para poder hacer frente a su deuda.

Resumen

El método para llevar a cabo el análisis de la situación consta de tres partes fundamentales:

1. **Establecimiento de objetivos.** Resulta preciso antes de comenzar determinar con exactitud qué queremos saber. Podemos plantear:
   - a. Objetivos generales sobre la situación economicofinanciera y/o
   - b. Objetivos particulares para hallar algún problema concreto o contrastar alguna información específica.
2. **El proceso de estudio de las siete claves.**
   - a. En una fase previa recabamos la mayor información posible sobre la empresa: actividad, líneas de negocio, propiedad, organización, etc.
   - b. Revisamos paso a paso las siete claves tomando nota de las conclusiones a las que nos lleva cada una de ellas.
3. **El diagnóstico.** Revisando las conclusiones obtenidas en la fase anterior llegaremos, de forma intuitiva, a hacernos una idea clara y acertada de la situación economicofinanciera en la que se encuentra la empresa.

14. El secreto para hacerlo de un vistazo

Tenemos los conceptos, tenemos las claves y tenemos el procedimiento. Ahora necesitamos poder aplicarlo todo para hacer el análisis de la situación economicofinanciera de la empresa de un solo vistazo. Para ello voy a desvelarte el secreto de los expertos sobre cómo hacerlo. Antes de comenzar, hemos de tener ordenadas las ideas acerca de nuestros objetivos y qué es lo que queremos saber de una forma general y particular.

	Clave	Queremos saber	Examinamos
1ª	Cómo es y qué buscamos	Tamaño de la empresa y orientación del análisis	Cifra de negocio, resultado y margen neto
2ª	La cascada de resultados	El origen del resultado	La cascada de márgenes
3ª	La calidad del crecimiento	La evolución del negocio en relación con el beneficio	Índices de crecimiento de ventas y resultados
4ª	Lo que gana con lo que tiene	La rentabilidad de las inversiones	Estructura del activo y proporción con el BAII
5ª	¿Comprarías la empresa?	La rentabilidad para el accionista	El beneficio neto en proporción al patrimonio neto
6ª	¿Le prestarías más dinero?	Su solvencia. El grado de endeudamiento.	La proporción entre financiación propia y ajena
7ª	¿Devolverá lo que debe?	Capacidad para pagar deudas a corto plazo	Diferencia o proporción entre activo corriente y pasivo corriente

Cuando nos enfrentemos a la empresa, lo primero que haremos será recabar información sobre la misma, aquella que no viene en las cuentas. Tener presente estos datos nos ayudará a interpretar más rápidamente buena parte de las claves.

El secreto está aquí, comenzaremos el análisis partiendo de la base de que la empresa a la que nos enfrentamos tiene una buena situación economicofinanciera. Lo que trataremos de buscar entonces serán indicios que nos puedan a llevar a pensar lo contrario. Paso a paso iremos siguiendo el esquema trazado teniendo siempre presente los objetivos para no desviarnos del plan. Anotaremos o recordaremos sólo las conclusiones que se salgan de lo normal. Finalmente, el diagnóstico vendrá determinado precisamente por esas circunstancias que no son normales.

Vamos a desarrollar el ejemplo completo de Winter Control S.A. y verás cómo es mucho más fácil de lo que parece. Esta empresa se dedica a instalar equipos industriales de refrigeración. Pertenece a tres socios principales y varios minoritarios; dos de esos tres socios mayoritarios trabajan y dirigen la empresa y el tercero es una compañía fabricante de este tipo de equipamiento. Winter Control trabaja en cinco países, además de contar con acuerdos de diversa índole con media docena de empresas nacionales e internacionales. Se encuentra en plena expansión y uno de sus principales objetivos es consolidar los mercados en los que ya está presente, aumentando su cuota mercado doméstico, para después continuar creciendo a través de la implantación del negocio en nuevos países.

Ahora fíjate detenidamente en sus cuentas y sigue paso a paso las claves, primero, sabiendo lo que quieres conocer en cada momento y después, buscando en el lugar adecuado.

Te echaré una mano; al lado de las cuentas he puesto unos indicadores que te pueden servir de guía. Representan cada una de las siete claves y de ellas salen unas flechas indicando dónde hay que dirigir la mirada. Recuerda, no es preciso calcular exactamente los ratios, las conclusiones que obtendremos serán las mismas si el valor es 48 ó 50%. Para hacerlo rápido será más útil calcular mentalmente el valor y tener en cuenta las circunstancias del contexto. Las conclusiones que obtendremos serán iguales que si los cálculos son exactos.

Pérdidas y ganancias

	20x1	20x0
Cifra de negocio	27.190.000	23.450.000
Coste de las ventas	-22.893.980	-19.229.000
Margen bruto	*4.296.020*	*4.221.000*
Gastos generales explotación	-1.196.360	-1.172.500
Beneficio neto explotación	*3.099.660*	*3.048.500*
Resultados extraordinarios	-35.000	-35.000
BAII	*3.064.660*	*3.013.500*
Resultados financieros	-457.880	-384.580
BAI	*2.606.780*	*2.628.920*
Impuesto sobre el beneficio	-573.492	-578.362
Resultado neto	***2.033.289***	***2.050.558***

Balance de situación

Activo	**20x1**	**20x0**
Inmovilizado	17.994.605	15.789.294
Activo corriente	12.504.726	12.918.513
Total activo	***30.499.331***	***28.707.806***

Patrimonio neto + pasivo	**20x1**	**20x0**
Patrimonio neto	14.377.645	12.344.357
Pasivo no corriente	4.531.940	5.741.561
Pasivo corriente	11.589.746	10.621.888
Total patrimonio neto + pasivo	***30.499.331***	***28.707.806***

1

2

3

4

5

6

7

	Queremos saber	Examinamos	Vemos	Conclusión
1ª	Tamaño de la empresa y orientación del análisis	Cifra de negocio	27 millones de €	Empresa de tamaño mediano
		Resultado	Beneficio	Orientación hacia el beneficio
		Margen neto	5% aprox.	No hay riesgo de pérdidas
2ª	El origen del resultado	Beneficio de explotación	Positivo	La actividad genera beneficio
		Resultados extraordinarios	Pequeños	Normal
		Resultados financieros	Negativos	Normal
		La cascada de resultados	Estable	El beneficio se genera en la actividad ordinaria
3ª	La evolución del negocio en relación con el beneficio	Crecimiento de ventas	Positivo	Empresa en expansión
		Crecimiento del beneficio	Plano	**Vende más, gana lo mismo**
		Relación incremento ventas - incremento beneficio	**El beneficio crece mucho menos que las ventas**	**El crecimiento no es de calidad**
		Incremento margen bruto	Crece menos que las ventas	**Reduce los márgenes**
		Incremento gastos generales	Se mantiene plano	Crece con la misma estructura

4ª	Lo que gana con lo que tiene	Volumen y proporción de las inversiones	Estructura proporcionada del activo	Normal
		Beneficio adecuado a las inversiones realizadas	La relación BAII / activo es de un 10% aprox.	Adecuado
5ª	¿Comprarías la empresa?	Rentabilidad adecuada para el accionista	La relación beneficio / patrimonio neto es del 16% aprox.	Rentabilidad para el accionista satisfactoria
6ª	Le prestarías más dinero a esa empresa?	La solvencia de la empresa	Autofinanciación, relación patrimonio neto / pasivo, del 47%	Nivel de endeudamiento aceptable
7ª	¿Devolverá lo que debe?	Capacidad para pagar las deudas de corto plazo	Fondo de maniobra positivo pero **ajustado y en tendencia decreciente**	**Positivo, pero se deteriora y llega a estar demasiado ajustado**

Repasando verticalmente las conclusiones el diagnóstico está prácticamente hecho. Estamos ante una empresa que se encuentra en expansión, es rentable y tiene una buena capacidad para generar beneficios; no obstante, ha de vigilar su crecimiento ya que está resultando inútil en términos de beneficio.

Financieramente es una empresa solvente con capacidad todavía para acometer más inversiones asumiendo algo más deuda externa. Sin embargo se aprecia un deterioro de la capacidad para hacer frente a sus obligaciones a corto plazo que podría traerle problemas.

Resumen

Sorprende la rapidez con la que un analista experto descubre la situación economicofinanciera de cualquier empresa, simplemente echando un vistazo a sus balances. Para ello, cuenta con tres sencillos secretos:

1. Tiene las ideas claras sobre lo que va a buscar en los balances y cuenta con un esquema de los pasos clave a dar.
2. Parte de la base de que todos los indicadores son normales y entonces se dedica a buscar sólo aquellos que pudieran salirse de lo normal. A la hora de hacer el diagnóstico se centra precisamente en esos.
3. Simplemente: práctica, práctica y práctica.

15. Los siete problemas más habituales

Los problemas básicos que vamos a detectar en las empresas se pueden observar en las ventas, el resultado, la rentabilidad y la deuda. Llegamos a conocer estas dificultades porque hemos sido capaces de detectar desequilibrios entre los diferentes factores que conforman las cuentas: beneficio escaso en relación con la inversión, mucha deuda en proporción al patrimonio neto, etc.

Una vez diagnosticados correctamente los problemas que tiene la empresa, las soluciones son fáciles de determinar; lo difícil, en ocasiones, será aplicarlas. Si la recomendación más apropiada para un negocio es aumentar los ingresos y nos encontramos con que el mercado donde opera se está encogiendo, por mucho que sepamos cuál es la solución a sus problemas, aplicarla resultará realmente complicado. Ante esta situación buscaremos un plan B, una solución alternativa que, si bien no será la mejor, podrá servir para sacar a la empresa del atolladero.

A continuación tienes los siete problemas más habituales que te vas a encontrar al analizar las cuentas. Abarcan prácticamente todo el espectro de la tipología de dificultades economicofinancieras comunes de las empresas.

Ventas insuficientes

La falta de ingresos es la primera causa de fracaso de las nuevas empresas. Un emprendedor que pone en marcha su negocio con toda su ilusión y empeño ha de centrarse sin duda en la función comercial. Unas ventas insuficientes hacen completamente inviable cualquier proyecto empresarial y, por mucho que el resto de las funciones se desplieguen correctamente, si las ventas fallan es como tener un buen coche con el depósito de gasolina vacío.

Pérdidas y ganancias	**20x1**	
Cifra de negocio	**336.068**	
Coste de las ventas	-302.462	
Margen bruto	*33.607*	⟵ Margen ajustado para ser competitivo
Gastos generales explotación	-80.656	⟵ Costes de estructura mínimos
Beneficio neto explotación	*-47.050*	

Esta empresa tendría que multiplicar sus ventas por 2,5 para empezar a tener beneficio en la explotación. Cuando, a través de las cuentas detectamos pérdidas en el resultado de explotación, los gastos generales están ajustados al mínimo y el margen al que vende sus productos o servicios no puede ampliarse, la única solución es incrementar las ventas.

Continuar financiando un negocio que no alcanza su punto de equilibrio con la esperanza de que en un futuro próximo las ventas repunten, supone sin duda un importante riesgo. En este sentido, si no se establece un horizonte temporal o un límite económico, se corre el riesgo de ir incrementando de forma indefinida las pérdidas hasta llevar a la ruina a un emprendedor que no ha sabido reconocer a tiempo el fracaso.

Exceso de deuda: la empresa no es solvente

Este es uno de los problemas más comunes. La proporción entre el capital que arriesgan los socios es insuficiente en relación con el capital que prestan terceros.

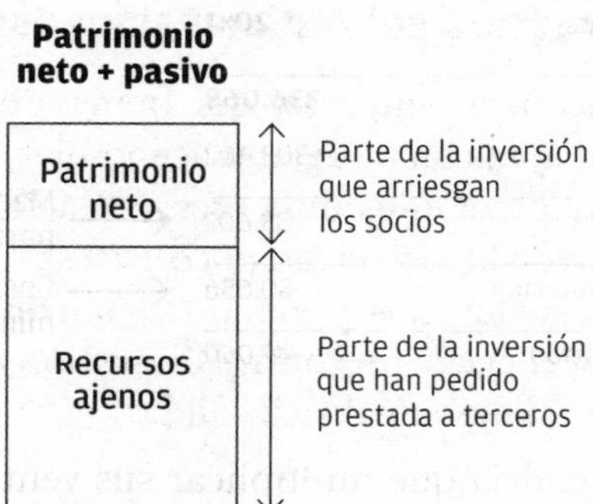

Las recomendaciones a realizar relativas a los problemas de deuda son fáciles de identificar, sólo tenemos que analizar la representación del balance y buscar la forma de conseguir el equilibrio. Tan sólo hay dos soluciones convencionales:

1. **Ampliar el patrimonio neto.** Se realiza mediante aumentos de capital y para ello es necesario que los socios inyecten capital a la empresa.
2. **Reducir los recursos ajenos.** Tenemos que identificar en el pasivo dos tipos de deuda:
   - **Deuda real.** Lo que se debe a los proveedores, bancos, otros acreedores, etc. que se encuentra reflejado en el pasivo por el importe que hay que pagar o devolver.
   - **Deuda contable.** Partidas que se pueden compensar con otras del activo o que serán pagadas en el muy corto plazo: deuda con trabajadores si en unos días será liquidada, (conviene adelantar ese pago con el fin de eliminar del balance esa deuda); obligaciones de pago de impuestos que pueden ser compensados con créditos a favor de la empresa, etc.

Como verás, las recomendaciones son fáciles de identificar, lo difícil, en la mayoría de las ocasiones, es llevarlas a cabo.

Costes de estructura sobredimensionados y rígidos

Es frecuente encontrar empresas que tienen un buen volumen de negocio y trabajan con márgenes aceptables, sin embargo su resultado de explotación es muy escaso. Suelen ser empresas que han funcionado bien y poco a poco, casi sin quererlo, se han ido cargando de gastos fijos, y cuando se han querido dar cuenta, ven que la ausencia de un control de gestión adecuado les ha conducido a un callejón de difícil salida.

Pérdidas y ganancias	**20x1**	
Cifra de negocio	1.680.342	⟵ Buen volumen de negocio en relación con la inversión
Coste de las ventas	-1.159.436	
Margen bruto	*520.906*	⟵ Margen amplio
Gastos generales explotación	**-493.652**	⟵ **Un excesivo coste de estructura deja el resultado muy escaso**
Beneficio neto explotación	*27.254*	

Cuando hay exceso de gastos para mantener la estructura es necesario replantearse el tamaño de la misma, desglosar los costes y eliminar todos los que no sean absolutamente necesarios y reducir, en la medida de lo posible, aquellos de los que no se puede prescindir. En ocasiones esta solución que sobre el papel resulta sencilla, no es fácil de aplicar ya que esos gastos generales de explotación no se pueden eliminar o reducir de hoy para mañana. Muchos de ellos están ligados a contratos de larga duración como mantenimientos, suministros ligados a activos adquiridos, etc. o ligados a contratos indefinidos como son los de los trabajadores.

La solución alternativa, si las trabas para adoptar la primera dificultan su aplicación, consiste en incrementar las ventas.

Teniendo en cuenta que el margen con el que trabaja la empresa es suficiente, un incremento de los ingresos se convertirá directamente en beneficio de explotación.

Liquidez insuficiente para afrontar los pagos a corto plazo

Este es otro de los problemas más habituales que se advierte cuando hay que salir con urgencia a buscar financiación para poder realizar pagos inminentes, impuestos, pagas extra, etc. Sin embargo, es fácil de identificar previamente: el fondo de maniobra es escaso o negativo, y la solución resulta muy intuitiva si miramos con atención el balance.

Activo	**20x1**	**P.n. + pasivo**	**20x1**
Inmovilizado	1.527.500	Patrimonio neto	869.500
		Pasivo no corriente	423.000
Activo corriente	**822.500**	Pasivo corriente	**1.057.500**
Total activo	*2.350.000*	*Total patrimonio neto + pasivo*	*2.350.000*

Fondo de maniobra = 822.500 - 1.057.500 = **-235.000**

Fíjate bien, jugando con las masas patrimoniales, cualquier solución que lleve a restaurar el tamaño adecuado del fondo de maniobra será buena.

1. La solución fácil y rápida es ir al banco y solicitar transformar un crédito a corto plazo en un préstamo a largo plazo. Convertimos así pasivo corriente en pasivo no corriente y, de este modo, aumentamos el fondo de maniobra.

2. O, directamente pedir un nuevo préstamo a largo plazo. El balance aumenta, creciendo el pasivo no corriente y el activo corriente, el resultado, el fondo de maniobra aumenta.

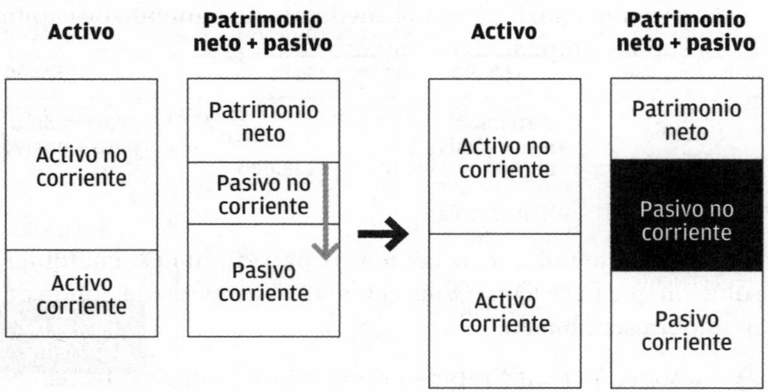

3. Otra solución, aunque lleva un poco más de tiempo llevarla a cabo, consiste en vender algún elemento del inmovilizado, es decir, hacerlo líquido. De este modo, convertimos activo no corriente en activo corriente y el fondo de maniobra se estabiliza.

❹ A veces no queda más remedio que pedir dinero a los socios, bien sean los actuales, o dar entrada a nuevos accionistas. La entrada de tesorería supone incrementar el activo corriente. Esto lo hacemos mediante un aumento de capital y supone ampliar el patrimonio neto.

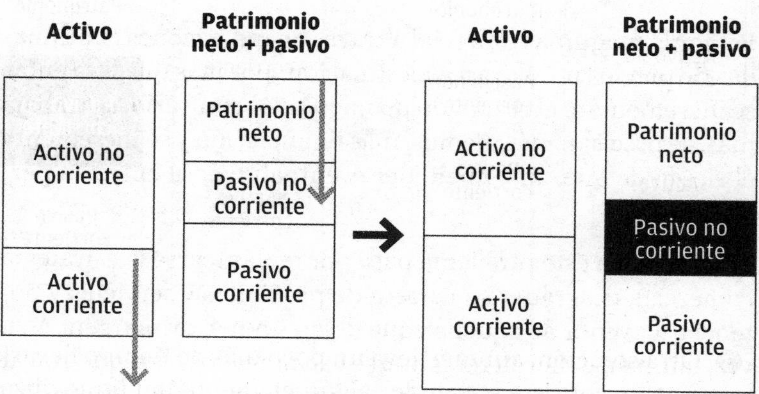

Ventas con escaso margen

En ocasiones detectaremos empresas con un volumen de ventas adecuado a su estructura y, sin embargo, con un resultado de explotación escaso o, incluso, con pérdidas. Si nos adentramos en su cuenta de explotación veremos que sus gastos generales son pequeños en relación a la cifra de negocio y que el escaso margen bruto no es capaz de absorberlos y dejar un excedente adecuado.

Pérdidas y ganancias	**20x1**	
Cifra de negocio	4.136.458	← Importante cifra de negocio en relación a su estructura
Coste de las ventas	-3.892.407	
Margen bruto	***244.051***	← **Margen muy estrecho**
Gastos generales explotación	-227.505	
Beneficio neto explotación	***16.546***	← Resultado escaso para el volumen de ventas generado

Forzar la máquina comercial a través de reducciones continuadas de precios nos lleva a esta situación: por más que las ventas se incrementan, el resultado no mejora. Al contrario, se trabaja más, se precisan más medios, más financiación y se incrementa el riesgo de que, ante cualquier eventualidad, se entre en pérdidas.

La solución a este problema pasa por replantearse la estrategia comercial, desgranar su cartera de productos y servicios y potenciar la venta de aquellos que dejan un mayor margen. A su vez, también deberán replantarse los mercados a los que atacar y salir de aquellos donde sólo se compite en precio, pasando a otros donde hay posibilidad de competir por la diferenciación y admiten unos precios más elevados y, por lo tanto, con márgenes más amplios.

Hay muy pocas empresas capaces de mantenerse en mercados donde lo que dominan son las guerras de precios. Sólo aquellas que logran ser líderes en costes y operan con grandes volúmenes pueden conseguirlo. Es el caso de Mercadona, que ha logrado ganar cuota de mercado en un entorno muy competitivo donde los precios han ido cayendo hasta que las cuentas de resultados de sus operadores se han visto deterioradas.

Beneficio engañoso

Éste es otro caso también bastante común. A primera vista se aprecia un resultado neto positivo y adecuado, sin embargo, cuando observamos el origen del mismo, nos damos cuenta que la explotación, o bien tiene pérdidas, o bien ha logrado un beneficio muy escaso. En este caso, el excedente ha sido logrado a través del resultado extraordinario.

Pérdidas y ganancias	**20x1**	
Cifra de negocio	1.008.205	
Coste de las ventas	-836.810	
Margen bruto	*171.395*	
Gastos generales explotación	-188.534	
Beneficio neto explotación	***-17.139***	← Pérdidas en la explotación
Resultados extraordinarios	**101.236**	↖ Unos extraordinarios positivos convierten las pérdidas de explotación en un beneficio neto
BAII	*84.097*	
Resultados financieros	-16.736	
BAI	*67.360*	↙

Un ingreso extraordinario capaz de dar un vuelco a la cuenta de resultados y convertir en beneficio unas pérdidas generadas en la actividad, suele tener su origen en la venta de algún activo no corriente de alto valor como son las participaciones estratégicas en otras sociedades o inmuebles propiedad de la empresa. En definitiva, lo que a primera vista parecía un resultado adecuado, resulta un problema estructural en la cuenta de explotación. En este contexto, debemos imaginar la cuenta de pérdidas y ganancias sin ese resultado extraordinario y rehacer su diagnóstico, con el fin de encontrar los problemas verdaderos y buscar las soluciones eficaces.

Es importante destacar que, si esta situación se repite, estamos asistiendo a una descapitalización de la empresa, ya que se genera beneficio a través de la venta de sus bienes en lugar de hacerlo, como debe ser, a través de la actividad propia del negocio.

Exceso de inversiones

Cuando por la observación de la estructura y volumen del activo, y su comparación con el beneficio generado, vemos que la inversión realizada está sobredimensionada, el esfuerzo realizado en la cuenta de Pérdidas y Ganancias es lastrado por una inversión excesiva y se hace necesario redimensionarla.

Pérdidas y ganancias	**20x1**
Cifra de negocio	1.008.205
Coste de las ventas	-776.318
Margen bruto	*231.887*
Gastos generales explotación	-111.306
Beneficio neto explotación	***120.581***
Resultados extraordinarios	-1.002
BAII	*119.579*
Resultados financieros	-84.689
BAI	*34.890*
Impuesto sobre el beneficio	-7.676
Resultado neto	***27.214***

← El beneficio que genera el negocio es adecuado con el volumen de ventas

Activo	**20x1**
Inmovilizado	5.504.800
Activo corriente	544.431
Total activo	***6.049.231***

← Inversión sobredimensionada en comparación con el negocio realizado. **Claramente el inmovilizado es excesivo**

Estudiar el detalle del activo con el fin de reducirlo ha de resultar prioritario en este caso:

- Determinar elementos en el inmovilizado que no están afectados a la actividad.
- Observar el volumen del almacén y compararlo con los aprovisionamientos, con el fin de ver si es excesivo.
- Analizar la cuenta de clientes y compararla con el volumen de ventas para saber si el crédito que se le está dando a los clientes es adecuado o excesivo.

- Mirar la cuenta de tesorería por si hubiera recursos de capital ociosos.
- Observar otras cuentas del activo y ver si alguna de ellas pudiera estar sobredimensionada

En definitiva, el objetivo es reducir la inversión con el fin de que sea acorde con la actividad que realiza la empresa y el beneficio que alcanza por ella.

Resumen

Los siete problemas más habituales que vas a encontrar en las cuentas son:

1. Falta de ingresos
2. Exceso de deuda: la empresa no es solvente
3. Costes de estructura sobredimensionados y rígidos
4. Liquidez insuficiente para afrontar los pagos a corto plazo
5. Ventas con escaso margen
6. Beneficio engañoso
7. Exceso de inversiones

16. Ahora te toca a ti

Ya dispones de todo lo que necesitas para interpretar las cuentas de la empresa: dominas el balance y la cuenta de resultados, tienes claro cuál es el objetivo, qué es lo que realmente queremos saber, conoces las siete claves, te has familiarizado con el método para llevarlo a cabo y te he contado el secreto de los expertos para hacerlo rápido. Ha llegado, por lo tanto, el momento de que pruebes a hacerlo por ti mismo.

Te sugiero que, a cada balance que te enfrentes, pienses antes en las personas que ha habido detrás y que de un modo u otro han participado en su composición. Desde el comercial incansable que día a día se dejó la piel para rellenar la línea de la cifra de negocio, hasta el asesor fiscal que estudió con detalle toda la contabilidad para elaborar el impuesto sobre el beneficio. Desde la ilusión y la esperanza por la adquisición de la nueva nave, las máquinas o los ordenadores que conforman su inmovilizado, hasta la incertidumbre del momento en el que negociaron con el banco la financiación de la actividad.

Te dejo con Drexter Solutions, S.L., aparentemente una pyme como otra cualquiera. Por favor, trátala con cariño, detrás de sus cuentas hay personas a las que aprecio, gente con sus virtudes y con sus defectos, sus aciertos y sus errores. Estaré justo detrás de ti, mirando por encima de tu hombro, y trataré de guiarte indicándote los pasos a dar pero, las conclusiones, corren de tu cuenta.

Drexter Solutions, S.L.

Estanis respondía al estereotipo de empollón, un niño reservado, metido en sus libros, poco o nada deportista, de aspecto debilucho y gafas de culo de vaso. Nunca llegó a sufrir abusos pero sospecho que se sentía intimidado e inseguro. Emilio era todo lo contrario, alto y fuerte, con don de gentes, de los mejores al fútbol, lo que le confería un estatus superior dentro de la jerarquía de los chavales del colegio, sin embargo, en los estudios era de los de aprobadillos raspando. No tenían nada que ver el uno con el otro pero, por alguna extraña razón, quizá porque se complementaban, se sentían a gusto juntos.

Al finalizar la etapa escolar se perdieron la pista durante unos años, Estanis completó su ingeniería con excelentes calificaciones y Emilio no llegó a terminar los estudios de empresariales, aunque durante ese tiempo vio mundo, conoció a mucha gente y puso en marcha un par de negocios con desigual fortuna. Volvieron a encontrarse por casualidad y, aunque sus mundos eran completamente diferentes continuaron viéndose cada vez más a menudo. Emilio admiraba a Estanis, capaz de convertir una impresora estropeada en un escáner portátil, le consideraba una especie de mago de la informática y Estanis veía en Emilio al tipo extrovertido, con amigos hasta en el infierno, que él nunca podría llegar a ser.

En ocasiones hablaban de montar un negocio juntos, pero era más un deseo que una posibilidad real ya que no encontraban un hueco de mercado donde poder meterse con unos medios limitados. Hasta que eclosionó el mundo de los *smartphones*. Ahí todo encajaba: un mercado en fase de crecimiento brutal, todo por hacer y unas aplicaciones sencillas y baratas de desarrollar. Los dos lo vieron claro, cada uno desde su punto de vista, y pensaron que sin duda era el momento, la oportunidad que habían estado esperando. Juntaron un dinerito y compraron algunos equipos necesarios, otros los pidieron prestados y piratearon un par de programas. Mientras Emilio llamaba a numerosas puertas, Estanis trabajaba sin descanso en el desarrollo de las incipientes aplicaciones para móviles y los fines de semana los pasaban probándolas y buscando nuevas posibilidades de desarrollo de productos.

Poco a poco consiguieron hacerse un hueco en el mercado, con más éxito en unos productos que en otros. Hasta que llegó el Bazooka Go, un juego ligero y muy bien adaptado para los sistemas operativos móviles, que tuvo gran éxito. A partir de ahí las grandes casas de este negocio les tomaron en cuenta. Además de crear una segunda y una tercera versión de este juego, les encargaron desarrollos específicos que serían preinstalados por defecto en algunos modelos o versiones, o que se comercializarían directamente a través de las principales plataformas para dispositivos móviles.

Drexter, S.L. creció como la espuma, la plantilla se incrementaba mes a mes y se vieron obligados a cambiar dos veces de instalaciones porque, literalmente, no cabían. El día a día en la empresa era frenético, gente corriendo constantemente de un lado para otro, teléfonos que no paraban de sonar y decenas de cacharros de última generación funcionando simultáneamente en una especie de caos aparentemente incontrolado. Y lo mejor de todo, las cuentas acompañaban: crecimiento vertiginoso de las ventas y beneficio en una progresión que nunca hubieran imaginado. Todo iba viento en popa, hasta el punto que decidieron repartir dividendos y los dos socios recibieron un buen pellizco.

Pasaban gran parte del día juntos pero poco a poco Estanis notaba que se iban distanciando. Coche de lujo, ropa de marca, restaurantes elegantes, Emilio dejaba de ser el mismo tipo justificando este cambio de actitud y poniendo como argumento la gente con la que ahora se tenía que relacionar. Sin embargo, Estanis sentía que no era sólo eso; ya no se veían los fines de semana, la preciosa rubia con la que ahora salía su amigo le absorbía todo su tiempo libre. Y lo peor era que hacía un par de meses tuvieron una discusión: Emilio le planteó la posibilidad de ampliar la empresa *a lo grande*, ya que la filial de una de las principales operadoras de telefonía estaba dispuesta a invertir en el negocio grandes sumas de dinero. Estanis rechazó de plano la idea, él no necesitaba más dinero. Ahora llevaba las riendas de su vida y de su negocio y no tenía necesidad alguna de perder el control a cambio de algo que no le hacía feliz.

Al cabo de un tiempo Emilio volvió a la carga. Con su don de encantador de serpientes le planteó un proyecto cargado de nuevos productos y aplicaciones, de poder llegar a mercados que nunca hubieran soñado y de disponer de los medios más avanzados. La negativa de Estanis no le sentó nada bien a Emilio. En esta ocasión el enfado duraba más de lo habitual pero, lo peor de todo eran ciertas cosas que estaban sucediendo que a Estanis no le dejaban dormir, como las continuas llamadas a Emilio de un abogado desconocido y la constancia de su visita al notario sin haber comentado nada.

Estanis no quería más empresa, ni ampliaciones de capital, ni consejos de dirección, ni juntas generales de accionistas. Sólo quería comenzar cada día con la ilusión de compartir un proyecto con la gente con la que se siente a gusto. Pero, lo que más le importaba, sin duda, era continuar con su amigo y sabía que si entraba en la empresa una multinacional, ya no sería lo mismo. Si lo que Emilio quería era crecer, ¿por qué no hacer ese proyecto los dos, pidiendo un préstamo al banco para financiarlo y embarcádose en una nueva aventura para seguir siendo los mosqueteros de un futuro aún por explorar?

Y eso es lo que vino a pedirme Estanis aquella tarde, casi con desesperación. Me pidió que estudiáramos las cuentas para ver la posibilidad de financiar las nuevas inversiones sin tener que compartir decisiones y resultados, sin tener que dar explicaciones a nadie, para seguir siendo los dueños de su propio destino. Me acerqué al ordenador, generé las cuentas y salieron por la impresora, me senté a su lado y las puse encima de la mesa. Los dos nos asomamos a ellas con cautela y mientras yo hacía algunas anotaciones a lápiz sobre las cifras, podía sentir la angustia de Estanis en su silencio, a la espera de mis palabras.

El problema de la ensalada

El primer problema al que nos enfrentamos cuando tenemos por primera vez delante las cuentas de una empresa es que lo único que somos capaces de ver es una ensalada de cifras y conceptos absolutamente ininteligibles y muy diferentes a lo que esperábamos. Este problema de la ensalada es lo que precisamente echa para atrás a cualquier persona que quiere adentrarse en el mundo de las finanzas de la empresa, sin embargo, es un problema muy fácil de solventar.

En los balances encontraremos conceptos verdaderamente rebuscados y casi imposibles de entender, incluso para los propios expertos, créeme. Sin embargo, estos expertos saben que aunque no conozcan exactamente qué son algunas cosas de las que allí aparecen, todas ellas se encuentran colocadas en su sitio y reunidas por grupos y si están, por ejemplo, dentro del activo corriente, sabe que es un bien o derecho de cobro a corto plazo y, a la postre, eso es lo que realmente importa.

Estas son las cuentas de Drexter, tal y como se obtienen del sistema informático.

DREXTER, S.L.
BALANCE DE SITUACION

ACTIVO	EJERCICIO 20X1	EJERCICIO 20X0
A)ACTIVO NO CORRIENTE	1.583.632,00	1.657.780,00
I. Inmovilizado intangible	538.891,00	595.170,00
200. Investigación	246.597,00	205.356,00
201. Desarrollo	228.684,00	197.142,00
203. Propiedad industrial	302.623,00	400.623,00
206. Aplicaciones informáticas	118.723,00	96.523,00
209. Anticipos para inmovilizaciones intangibles	0,00	2.000,00
280. Amortización acumulada del inmovilizado intangible	-357.736,00	-302.952,00
2900. Deterioro de valor de investigación	0,00	-3.522,00
II. Inmovilizado material	1.033.441,00	1.055.182,00
211. Construcciones	559.951,00	679.268,00
212. Instalaciones técnicas	81.655,00	125.623,00
215. Otras instalaciones	93.960,00	86.599,00
216. Mobiliario	111.592,00	89.632,00
217. Equipos para procesos de información	169.908,00	125.858,00
218. Elementos de transporte	60.325,00	60.325,00
219. Otro inmovilizado material	69.890,00	30.125,00
232. Instalaciones técnicas en montaje	0,00	23.564,00
237. Equipos para procesos de información en montaje	94.847,00	0,00
281. Amortización acumulada del inmovilizado material	-208.687,00	-165.812,00
V. Inversiones financieras a largo plazo	4.872,00	2.286,00
260. Fianzas constituidas a largo plazo	4.872,00	2.286,00
VI. Activos por impuesto diferido	6.428,00	5.142,00
474. Activos por impuesto diferido	6.428,00	5.142,00
B)ACTIVO CORRIENTE	3.195.775,00	2.181.100,00
I. Existencias	295.087,00	149.473,00
350. Productos terminados A	142.027,00	73.589,00
351. Productos terminados B	165.461,00	85.731,00
361. Subproductos B	4.130,00	295,00
394. Deterioro de valor de los productos semiterminados	-16.531,00	-10.142,00
II. Deudores comerciales y otras cuentas a cobrar	2.567.420,00	1.801.689,00
1. Clientes por ventas y prestaciones de servicios	2.499.687,00	1.720.910,00
430. Clientes	1.861.469,00	1.332.317,00
431. Clientes, efectos comerciales a cobrar	372.294,00	222.053,00
432. Clientes, operaciones de "factoring"	265.924,00	166.540,00
436. Clientes de dudoso cobro	87.921,00	85.810,00
490. Deterioro de valor de créditos por operaciones comerciales	-87.921,00	-85.810,00
3. Otros deudores	67.733,00	80.779,00
440. Deudores	30.634,00	35.621,00
460. Anticipos de remuneraciones	0,00	3.000,00
470. Hacienda Pública, deudora por diversos conceptos	37.099,00	42.158,00
IV. Inversiones financieras a corto plazo	27.337,00	19.195,00
540. Inv. Fin. a corto plazo en instrumentos de patrimonio	18.500,00	12.500,00
541. Valores representativos de deuda a corto plazo	8.837,00	6.695,00
V. Periodificaciones a corto plazo	45.702,00	12.521,00
480. Gastos anticipados	45.702,00	12.521,00
VI. Efectivo y otros activos líquidos equivalentes	260.229,00	198.222,00
570. Caja, euros	524,00	235,00
572. Bancos e instituciones de crédito c/c vista, euros	160.613,00	128.684,00
573. Bancos e instituciones de crédito c/c vista, moneda extranjera	24.092,00	19.303,00
576. Inversiones a corto plazo de gran liquidez	75.000,00	50.000,00
TOTAL ACTIVO (A+B)	4.779.407,00	3.838.880,00

DREXTER, S.L.
BALANCE DE SITUACION

PATRIMONIO NETO Y PASIVO	EJERCICIO 20X1	EJERCICIO 20X0
A) PATRIMONIO NETO	716.911,00	547.762,00
I. Capital	10.000,00	10.000,00
1. Capital escriturado	10.000,00	10.000,00
100. Capital social	10.000,00	10.000,00
III. Reservas	30.325,00	14.873,00
112. Reserva legal	2.000,00	2.000,00
113. Reservas voluntarias	25.325,00	9.873,00
1141. Reservas estatutarias	3.000,00	3.000,00
VII. Resultado del ejercicio	676.586,00	522.889,00
129. Resultado del ejercicio	676.586,00	522.889,00
B) PASIVO NO CORRIENTE	908.087,00	1.390.870,00
II. Deudas a largo plazo	908.087,00	1.390.870,00
1. Deudas con entidades de crédito	550.035,00	718.336,00
170. Deudas a largo plazo con entidades de crédito	550.035,00	718.336,00
2. Acreedores por arrendamiento financiero	317.931,00	435.522,00
174. Acreedores por arrendamiento financiero a largo plazo	317.931,00	435.522,00
3. Otras deudas a largo plazo	40.121,00	237.012,00
171. Deudas a largo plazo	40.121,00	232.500,00
173. Proveedores de inmovilizado a largo plazo	0,00	4.512,00
C) PASIVO CORRIENTE	3.154.409,00	1.900.248,00
II. Deudas a corto plazo	1.442.627,00	705.676,00
1. Deudas con entidades de crédito	1.128.795,00	398.718,00
520. Deudas a corto plazo con entidades de crédito	1.128.795,00	398.718,00
2. Acreedores por arrendamiento financiero	117.591,00	114.579,00
524. Acreedores por arrendamiento financiero a corto plazo	117.591,00	114.579,00
3. Otras deudas a corto plazo	196.241,00	192.379,00
521. Deudas a corto plazo	192.379,00	192.379,00
523. Proveedores de inmovilizado a corto plazo	3.862,00	0,00
IV. Acreedores comerciales y otras cuentas a pagar	1.711.782,00	1.194.572,00
1. Proveedores	1.504.541,00	1.046.140,00
400. Proveedores	1.414.042,00	983.214,00
401. Proveedores, efectos comerciales a pagar	90.499,00	62.926,00
2. Otros acreedores	207.241,00	148.432,00
410. Acreedores por prestaciones de servicios	32.351,00	15.591,00
465. Remuneraciones pendientes de pago	10.943,00	7.247,00
475. Hacienda Pública, acreedora por conceptos fiscales	161.349,00	122.943,00
476. Organismos de la Seguridad Social, acreedores	2.598,00	2.651,00
TOTAL PATRIMONIO NETO Y PASIVO	4.779.407,00	3.838.880,00

DREXTER, S.L.
CUENTA DE PERDIDAS y GANANCIAS

	EJERCICIO 20X1	EJERCICIO 20X0
1. Importe neto de la cifra de negocios	5.388.547,00	4.328.149,00
700 Ventas de mercaderías	3.280.299,00	2.655.744,00
705 Prestaciones de servicios	2.305.361,00	1.806.532,00
7080 Devoluciones de ventas de mercaderías	-135.262,00	-84.447,00
7090 "Rappels" sobre ventas de mercaderías	-61.851,00	-49.680,00
2. Variación de existencias de productos terminados y en curso	234.285,00	188.180,00
711 Variación de existencias de productos semiterminados	234.285,00	188.180,00
4. Aprovisionamientos	-4.087.798,00	-3.342.084,00
607 Trabajos realizados por otras empresas	-4.251.310,00	-3.470.626,00
6080 Devoluciones de compras de mercaderías	163.512,00	128.542,00
6. Gastos de personal	-186.144,00	-133.724,00
640 Sueldos y salarios	-153.205,00	-101.460,00
642 Seguridad social a cargo de la empresa	-28.343,00	-28.916,00
649 Otros gastos sociales	-4.596,00	-3.348,00
7. Otros gastos de explotación	-141.529,00	-56.030,00
620 Gastos en investigación y desarrollo del ejercicio	-28.551,00	-8.265,00
621 Arrendamientos y cánones	-26.866,00	-11.013,00
622 Reparaciones y conservación	-3.840,00	-2.365,00
623 Servicios de profesionales independientes	-31.462,00	-12.432,00
624 Transportes	-6.300,00	-1.632,00
625 Primas de seguros	-8.587,00	-3.654,00
626 Servicios bancarios y similares	-1.056,00	-852,00
627 Publicidad, propaganda y relaciones públicas	-8.562,00	-1.909,00
628 Suministros	-7.908,00	-4.955,00
629 Otros servicios	-13.928,00	-5.842,00
631 Otros tributos	-2.358,00	-816,00
694 Pérdidas por deterioro de créditos por op. comerciales	-20.236,00	-61.620,00
794 Reversión del deterioro de créditos por op. comerciales	18.125,00	59.325,00
8. Amortización del inmovilizado	-97.659,00	-92.398,00
680 Amortización del inmovilizado intangible	-54.784,00	-55.090,00
681 Amortización del inmovilizado material	-42.875,00	-37.308,00
11. Deterioro y resultado por enajenaciones del inmovilizado	3.619,00	11.170,00
671 Pérdidas procedentes del inmovilizado material	-9.935,00	-12.021,00
690 Pérdidas por deterioro del inmovilizado intangible	0,00	-3.522,00
770 Beneficios procedentes del inmovilizado intangible	10.032,00	26.713,00
790 Reversión del deterioro del inmovilizado intangible	3.522,00	0,00
12. Otros resultados	-51.543,00	-67.745,00
678 Gastos excepcionales	-57.106,00	-68.166,00
778 Ingresos excepcionales	5.563,00	421,00
A) RESULTADO DE EXPLOTACIÓN (1 + 2 + 3 + 4 + 5 + 6 + 7 + 8 + 9 + 10 + 11 + 12)	1.061.778,00	835.518,00
13. Ingresos financieros	9.786,00	5.038,00
b) Otros ingresos financieros	9.786,00	5.038,00
7610 Ingresos de valores representativos de deuda	1.476,00	1.425,00
769 Otros ingresos financieros	8.310,00	3.613,00
14. Gastos financieros	-136.315,00	-120.137,00
669 Otros gastos financieros	-136.315,00	-120.137,00
16. Diferencias de cambio	-4.436,00	-3.563,00
668 Diferencias negativas de cambio	-21.304,00	-17.112,00
768 Diferencias positivas de cambio	16.868,00	13.549,00
17. Deterioro y rdo. por enajenaciones de instrumentos financ.	-3.983,00	-569,00
6660 Pérdidas en valores representativos de deuda a largo plazo	-3.983,00	-569,00
B) RESULTADO FINANCIERO (13 + 14 + 15 + 16 + 17 + 18)	-134.948,00	-119.231,00
C) RESULTADO ANTES DE IMPUESTOS (A + B)	926.830,00	716.287,00
19. Impuesto sobre beneficios	-250.244,00	-193.398,00
6300 Impuesto corriente	-243.988,00	-188.563,00
633 Ajustes negativos en la imposición sobre beneficios	-30.029,00	-23.208,00
638 Ajustes positivos en la imposición sobre beneficios	23.773,00	18.373,00
D) RESULTADO DEL EJERCICIO (C + 19)	676.586,00	522.889,00

Para solventar el problema de la ensalada sólo tendremos que localizar y marcar aquellas partidas que conocemos y transformar las cuentas que tenemos delante, en un principio confusas, en algo relevante para nuestro análisis. Una vez marcadas las partidas que nos interesan, las que ya conocemos, podremos transformar el formato de las cuentas que tenemos delante en el formato que nos resulta familiar, lo que nos va a facilitar enormemente el análisis de su situación.

A continuación tienes las cuentas en el formato analítico, el formato que ya conocemos habiendo eliminado todo lo que sobra; pero, no sólo eso, también te pongo una pequeña guía indicando la siete claves y dónde has de ir dirigiendo la mirada, espero que te sirva de ayuda. Tras las cuentas he incluido un cuadro esquemático, para que veas paso a paso lo que tienes que buscar, dónde mirar para encontrarlo y un espacio para que puedas anotar lo que ves y las conclusiones de cada clave.

Una vez hayas pasado por las siete claves, revisa las conclusiones obtenidas. Ya estarás entonces en disposición de determinar cuál es la situación economicofinanciera de Drexter, S.L. Por último, encontrarás una serie de preguntas tipo test que te ayudarán a saber si el diagnóstico que has hecho ha sido acertado.

Sólo me queda desearte suerte. Tómate el tiempo que necesites, acuérdate que Estanis está esperando una respuesta y que muchas veces no es fácil decirle a alguien lo que no quiere oír.

DREXTER, S.L.

Pérdidas y ganancias

	20x1	20x0
Cifra de negocio	5.622.831	4.516.330
Coste de las ventas	-4.087.798	-3.342.084
Margen bruto	*1.535.033*	*1.174.246*
Gastos generales explotación	-421.712	-270.980
Beneficio neto explotación	*1.113.321*	*903.266*
Resultados extraordinarios	-51.543	-67.745
BAII	*1.061.778*	*835.521*
Resultados financieros	-134.948	-119.231
BAI	*926.830*	*716.290*
Impuesto sobre el beneficio	-250.244	-193.398
Resultado neto	***676.586***	***522.892***

Balance de situación

Activo	**20x1**	**20x0**
Inmovilizado	1.577.204	1.652.638
Activo corriente	3.202.202	2.186.242
Total activo	***4.779.406***	***3.838.881***

Patrimonio + pasivo	**20x1**	**20x0**
Patrimonio neto	716.911	547.764
Pasivo no corriente	908.087	1.390.870
Pasivo corriente	3.154.408	1.900.246
Total patrimonio neto + pasivo	***4.779.406***	***3.838.881***

1

2

3

4

5

6

7

	Queremos saber	Miramos	Vemos	Conclusión
1ª	Tamaño de la empresa y orientación del análisis	Cifra de negocio		
		Resultado		
		Margen neto		
2ª	El origen del resultado	Beneficio de explotación		
		Resultados extraordinarios		
		Resultados financieros		
		La cascada de resultados		
3ª	La evolución del negocio en relación con el beneficio	Crecimiento de ventas		
		Crecimiento del beneficio		
		Relación incremento ventas - incremento beneficio		
4ª	Lo que gana con lo que tiene	Volumen y proporción de las inversiones		
		Beneficio adecuado a las inversiones realizadas		
5ª	¿Comprarías la empresa?	Rentabilidad adecuada para el accionista		
6ª	Le prestarías más dinero a esa empresa?	La solvencia de la empresa		
7ª	¿Devolverá lo que debe?	Capacidad para pagar las deudas de corto plazo		

El test

Una vez analizadas las cuentas de Drexter, S.L. vamos a intentar responder correctamente a estas preguntas:

1. Si en el siguiente ejercicio económico las ventas descendieran un 10%, los gastos generales de explotación permanecieran más o menos constantes y no hubiera otras variaciones significativas, ¿entraría la empresa en pérdidas?
   - a. Sí
   - b. Seguramente sí
   - c. No
2. El Ebitda
   - a. Ha crecido más de un 12%
   - b. Ha crecido menos de un 12%
   - c. Con los datos que dispongo, no puedo determinar el ebitda y mucho menos su crecimiento
3. La empresa
   - a. No tiene un negocio sano ya que los resultados extraordinarios son negativos
   - b. Tiene un negocio sano ya que el beneficio se genera en la actividad ordinaria
   - c. Tiene un negocio sano ya que los resultados extraordinarios y financieros contribuyen al beneficio neto que genera
4. El esfuerzo comercial de Drexter, S.L.
   - a. Es inútil ya que vende más para ganar lo mismo
   - b. Trae como resultado un crecimiento de calidad
   - c. No trae como resultado un crecimiento de calidad
5. El valor teórico de la empresa a finales de 20X1 es
   - a. 4.779.406 €
   - b. 716.911 €
   - c. 3.202.202 €

6. El activo de esta empresa
   - a) Es demasiado grande en proporción a la cifra de negocio
   - b) Tiene un inmovilizado sobredimensionado para ser una empresa de este sector y características
   - c) No presenta signos de anormalidad.

7. La rentabilidad que ofrece al accionista
   - a) Es atractiva para el inversor
   - b) No es atractiva para el inversor pero se espera que en futuro pudiera serlo
   - c) No es atractiva para el inversor pero hay otros indicadores que sí lo son

8. A corto plazo
   - a) La empresa no va a poder pagar sus deudas ya que vemos que su fondo de maniobra es negativo
   - b) Puede llegar a tener problemas de liquidez ya que, si bien el fondo de maniobra es positivo, se ha deteriorado considerablemente en el último año
   - c) No va a tener problemas de liquidez porque su fondo de maniobra es muy holgado y además, está creciendo

9. A la hora de pedirle dinero al banco
   - a) No va a tener problemas ya que la empresa es muy rentable
   - b) Tendrá problemas porque su fondo de maniobra está demasiado ajustado
   - c) Tendrá problemas ya que se encuentra excesivamente endeudada

10. Esta última pregunta es más complicada, no ha sido explicada en el libro pero, si observas bien las cuentas originales, las que salen del programa de contabilidad, estoy seguro de que podrás responderla correctamente. Drexter, S.L.,

- a Cobra a sus clientes a más de 60 días
- b Cobra sus ventas a un plazo de entre 30 y 60 días
- c Cobra a sus clientes antes de 30 días

Espero que no te haya resultado difícil, las respuestas correctas las tienes en el Anexo. También puedes encontrarlas, junto con comentarios adicionales en:

http://www.joaquinpuerta.com/2013/01/drexter

Por favor, comprueba que has respondido bien al menos a ocho de ellas, en caso contrario, no te preocupes, repasa los capítulos a los que se refieren las respuestas que hayas fallado y seguro que comprenderás por qué fallaste.

Por último, ¿serías capaz de decirle a Estanis en 140 caracteres cómo es su situación económica y utilizar otro *tweet* para explicarle su situación financiera?

17. Convierte esta habilidad en tu ventaja competitiva

«Después de muchos intentos, hoy por fin he logrado entender algo que ya me parecía inalcanzable», me comentó hace tiempo una alumna a la salida de clase. Éstas son las mejores recompensas que recibo de mi labor como profesor de cursos de finanzas de empresa.

Y es que esta habilidad va mucho más allá del departamento financiero o contable de la compañía, más lejos de la asesoría o de la sucursal bancaria. De hecho, podemos tomar el análisis de balances desde dos puntos de vista: estudio de las cuentas de los demás o estudio de las de nuestra propia empresa.

Qué ventajas logramos analizando las cuentas de los demás

Echarle un vistazo a las cuentas de empresas con las que tenemos alguna relación e interés puede resultar tremendamente útil y, sin duda, rentable. Fiarnos de las apariencias, de la imagen que transmite una compañía, nos puede llevar a cometer errores a veces imperdonables. Sin embargo, al analizar sus cuentas sabremos realmente lo que se cuece en su interior y nos colocará en una posición de ventaja frente a ellos a la hora de negociar cualquier acuerdo y alcanzar los objetivos que nos planteamos o, simplemente, nos ayudará a no tomar decisiones equivocadas. Recuerda que las cuentas de las empresas españolas son públicas, ¡aprovéchalo! Veamos cuáles son las ventajas que podemos obtener:

- **Ayuda a incrementar las ventas.** En negocios B2B (acrónimo usado para *business to business*) conocer mejor al cliente nos coloca en posición de ventaja a la hora de negociar y competir. A través de las cuentas podemos conocer su capacidad real de compra, los márgenes medios con los que trabaja y la importancia que le dará a las condiciones de pago frente a otras variables del acuerdo.

Así es como lo hace César, director comercial de una empresa de soluciones informáticas. César tiene por costumbre echar un vistazo a los balances de clientes para saber si, a la hora de cerrar un trato, lo que realmente busca es un buen precio o unas condiciones de pago flexibles. De esta manera, va a la negociación con una ventaja considerable sobre el cliente y sobre todo, sobre la competencia. César siempre dice que este *truco* le permite ajustar y adaptar sus ofertas, lo que le supone ganar contratos ante rivales con mejor producto o servicio que de otra forma hubiera resultado muy complicado. Jugar con ventaja sobre su competencia, unido a otras habilidades comerciales que ha desarrollado a lo largo del tiempo, le ha llevado a convertirse en una pieza clave del organigrama de su empresa.

- **Contribuye a reducir el riesgo de impago.** Determinar la situación financiera del cliente antes de venderle o establecer un límite en el riesgo de crédito resulta fundamental en un entorno donde los impagos están resultado letales para muchas empresas.

En sectores como el de la construcción u otros industriales, la diferencia entre evitar impagos y sufrirlos ha supuesto, en muchos casos, mantener a flote la empresa frente al hundimiento de competidores. Éste es el caso de Antonio, socio de una pequeña empresa de construcción, que desde que tuvieron un susto serio con el impago de una obra importante, toma sus precauciones pidiendo garantías de cobro a los clientes y cotejando la información que estos le facilitan con el análisis de sus cuentas. Si no hubiéramos tomado estas medidas, me comenta Antonio, ahora sólo seríamos un expediente más dentro de cualquier juzgado.

- **Logra obtener plazos más largos de pago.** Ahora en la posición de cliente, lo que hacemos es analizar las cuentas de nuestros principales proveedores para determinar su situación financiera cuando lo que buscamos son mejores condiciones de pago. Los proveedores con una buena situación financiera serán más proclives a hacer este tipo de concesiones, sobre todo, si vemos a través de su situación económica que necesitan incrementar las ventas.

- **Se pueden lograr mejores precios de los proveedores.** Examinando los márgenes medios con los que trabaja el proveedor y la importancia que tenemos como clientes dentro de su cartera, sabremos cuáles son sus límites para negociar, lo que nos colocará en una clara posición de ventaja.

  Luis Díaz, jefe de compras de un hospital privado, cada vez que tiene que negociar un acuerdo de suministro con un proveedor pide sus cuentas. Las analiza haciendo especial atención en el volumen de ventas y en los márgenes con los que opera, colocándose de este modo en una situación negociadora muy ventajosa a la hora de buscar un acuerdo. Luis tiene la experiencia probada de que echándole un vistazo a las cuentas de los proveedores ha logrado ahorrarle a su empresa millones de euros.

- **Permite comprar una cartera de clientes en el momento apropiado.** Mirando por casualidad a sus cuentas fue como Jorge se enteró de que su competencia tenía serios problemas financieros. Esta circunstancia fue aprovechada para hacerles una oferta por su cartera de clientes. El resultado, un 35% más de ventas y un competidor fuera del mercado.

- **Sirve también para concretar la demanda de indemnizaciones.** Bien diferente es el uso que puede hacer de esta habilidad un buen abogado que busca en los balances de las empresas la capacidad de pago de la indemnización que pretende demandar, la posibilidad que tendría esa empresa de pedir el dinero prestado y luego, la capacidad de devolverlo.

Esta aplicación la aprendí de Luis Sánchez, un buen abogado de empresa que asegura que las cuentas es lo primero que hay que mirar a la hora reclamar una cantidad. De este modo sabes de antemano si la van a poder pagar, ya que si no es así, o bien rebajas tus pretensiones, o bien no inicias un proceso que siempre va a resultar caro.

- **Ayuda a seleccionar clientes.** Un agente de la propiedad inmobiliaria especializado en naves industriales, acostumbrado a complicadas operaciones, me dijo que para él resulta primordial elegir bien al cliente, ya que cada operación le resulta costosa en términos de tiempo y recursos. Si tras todo el proceso, la operación no se lleva a cabo, el perjuicio por esfuerzo dedicado es importante. Es habitual en su negocio que haya empresarios que deseen adquirir una nave industrial, pero una cuestión es querer y otra poder. Así, este experimentado agente ya toma como protocolo habitual mirar las cuentas del posible comprador antes de iniciar la fase de negociación, con el fin de ver si realmente dispone de capacidad financiera suficiente como para poder abordar la compra que pretende.
- **Coopera en lograr una negociación colectiva justa.** La negociación colectiva entre los representantes de los trabajadores y la empresa resulta siempre ardua, por el claro enfrentamiento de intereses que supone. En ocasiones sorprende ver la simplicidad de los argumentos de una y otra parte al fundamentarlos en las cuentas de la empresa. Un mejor conocimiento de la información que encierran los balances ayuda a desbloquear negociaciones, llegando a acuerdos más justos y también, sin duda, ayuda a no aceptar argumentos de la otra parte basados en conceptos simplistas o interpretaciones tendenciosas y subjetivas de los beneficios o pérdidas empresariales.

- **Es determinante a la hora de aceptar o rechazar un puesto de trabajo.** Hace tiempo, tras un curso, un ingeniero directivo de una multinacional me llamó para pedirme opinión sobre las cuentas de una empresa. Cuando nos encontramos, me dio la impresión de que estaba un tanto serio y pensativo. Tras trabajar juntos para obtener conclusiones sobre la situación economicofinanciera de aquella compañía, me confesó que le habían hecho una oferta de trabajo para dirigirla. Aquello suponía un importante paso en su carrera profesional, sin embargo, se encontraba a gusto en su actual puesto y embarcarse en esta nueva aventura suponía un importante riesgo. Lógicamente, lo que quería evitar era ser contratado por una empresa con problemas, sin capacidad de crecimiento y con posible riesgo de impago. Aquella reunión le aclaró bastante las cosas.
- **Sin duda, ayuda a la hora de encontrar trabajo.** Normalmente basamos nuestro historial profesional en los conocimientos adquiridos a través de titulaciones académicas y en la experiencia profesional. No obstante, la ventaja competitiva, esa diferencia que hace que se escoja a un trabajador frente a otro, no está en esos conocimientos, sino en las habilidades de la persona, aquello que puede aportar de más a la empresa que hace que pueda solucionar problemas y salir del paso con éxito de un apuro en un momento determinado.

Recientemente me comentó Beatriz, una técnica contable en búsqueda activa de empleo que aprendió a interpretar balances de un vistazo y acudió a una entrevista de trabajo: «he hecho una demostración y han quedado impresionados». Seguro que a ese puesto optan muchas personas, todas ellas muy válidas, con los conocimientos suficientes y la cualificación adecuada para ejercerlo, sin embargo escogerán a aquella que consideren que puede ser decisiva en un momento determinado, que pueda convertirse en estrella del partido del día a día de la empresa. ¡Suerte Beatriz!

Qué podemos lograr analizando las cuentas de nuestra empresa

Sin bien tiene enormes ventajas interpretar las cuentas de terceros y utilizarlo para alcanzar nuestros objetivos, más importante aún es saber analizar nuestros propios balances, sabiendo que otros sacarán conclusiones sobre nuestra empresa y tomarán decisiones basándose en lo que vean a través de ellos. De ahí, que si somos capaces de interpretar adecuadamente las cuentas de nuestra empresa y tenemos la previsión de ir construyéndolas de cara a lo que los demás verán en ellas, seguro que estaremos siendo capaces de situar la compañía en una posición de ventaja competitiva en diferentes ámbitos. Veamos qué podemos conseguir:

- **Mejorar la imagen financiera que ofrece la empresa.** Cada vez proliferan más los informes comerciales que se ofrecen sobre las empresas. Alguien toma los datos de distintas fuentes públicas y elabora un dossier añadiendo sus propias conclusiones. Una parte importante de esos datos son las cuentas.

  Si observas bien en cómo hacen el informe verás que simplemente se toman una serie de datos clave y normalizan las conclusiones. En definitiva, es un sistema muy parecido a nuestro método de las siete claves. A partir de ahí elaboran gráficos y estadísticas, comentarios y valoraciones, pero la base del análisis es la misma que ya conocemos. Teniendo esto en cuenta, un empresario o director financiero avezado sabe de antemano que sus proveedores, clientes o financiadores verán estos informes. En este contexto, un adecuado análisis de las propias cuentas permitirá ir tomando las decisiones oportunas para prepararlas de cara a que, cuando se elaboren los informes y se pongan a disposición de terceros, muestren las conclusiones e imagen que ellos mismos desean ofrecer.

Y esto funciona, –me dice Antonio–, sobre todo en su sector, el de la construcción, donde la confianza es fundamental a la hora de obtener crédito de los proveedores o de negociar formas de pago. Las empresas, a partir de cierto volumen de obra, piden informes periódicos a estas compañías especializadas y toman decisiones en base a la calificación y conclusiones que en ellos se reflejen. Anticiparse entonces a la elaboración de estos informes ayuda a abrir puertas que de otro modo estarían cerradas sin saber bien por qué.

- **Mejora en la valoración del directivo.** P.L. es ingeniero y trabaja para una multinacional, cada mes ha de reportar las cuentas de su filial a la matriz. La competitividad entre los propios directivos y la exigencia en el cumplimiento de objetivos marcan las pautas de un trabajo estresante orientado continuamente hacia el resultado. Desde que P.L. aprendió a interpretar las cuentas, conoce bien los criterios por los que le van evaluar, de tal manera que, antes de enviar los balances, les echa un vistazo y, lo más importante, orienta su trabajo hacia la consecución de las cuentas que mejor se valoran desde la central de su compañía.

Algo parecido le pasa a A.L. que dirige una mediana empresa de la que es además uno de los socios minoritarios. Tiene que guardar el equilibrio justo entre los intereses de los accionistas, los de la empresa y los suyos propios, y esto no es nada fácil. Cada año la Junta General ha de aprobar las cuentas y ratificarle en el cargo por lo que orienta su trabajo hacia conseguir unos resultados que convenzan, ofreciendo un beneficio adecuado y un dividendo suficiente, guardando a su vez un equilibrio patrimonial correcto para poder seguir financiando las inversiones y la actividad de la empresa.

- **Conseguir mejores condiciones de pago de los proveedores.** La crisis financiera ha cambiado la forma de trabajo de la mayor parte de las empresas. Para Esteban el crédito es fundamental. Trabaja para una empresa distribuidora que importa productos tecnológicos de oriente y los vende en España a las grandes distribuidoras. Se mueve como pez en el agua en las grandes ferias mundiales, tiene contactos en los cinco continentes y logra productos innovadores y atractivos que nadie es capaz de encontrar y además, lo hace a precios competitivos. El problema de Esteban es la financiación, todo lo que compra lo tiene vendido, pero sus clientes le pagan a 120 días y en los países orientales es muy difícil conseguir crédito de los proveedores y fabricantes. Como los recursos bancarios están muy limitados, Esteban prepara informes y presentaciones sobre su empresa, donde pone especial atención en los aspectos positivos de sus cuentas, con el fin de convencer a los proveedores orientales para que le financien la operación, al menos en parte, y poder llevarla a cabo. «Gracias a esto, –comenta Esteban–, estamos consiguiendo salvar una situación que, de otro modo, sería imposible por la falta de financiación».
- **Otra utilidad: negociar despidos.** Otra cuestión con la que me he topado en mi vida profesional ha sido la de comparecer en juicio como experto para interpretar las cuentas de una empresa que argumentaba causas económicas en el despido de trabajadores. La empresa mantenía que su situación económica se había ido deteriorando y que no podía sostener a toda la plantilla, presentando como prueba ante el juzgado las cuentas de los últimos ejercicios. Por contra, la defensa de los trabajadores rechazaba de plano ese argumento, aludiendo que seguía habiendo beneficio y, por lo tanto, si querían que aceptaran el despido, la indemnización tendría que ser superior.

- **Entrada de nuevos socios capitalistas.** La entrada de nuevos socios en el accionariado de la empresa puede deberse a razones puramente financieras, inyección de capital, o a razones estratégicas. En cualquier caso el nuevo socio inversor mirará con lupa las cuentas de la empresa antes de decidirse a llevar a cabo la inversión y acordar un precio o cantidad por ella.

  Juanjo buscaba en la feria internacional de Frankfurt nuevos productos para distribuir en España. Allí encontró a un tipo de lo más normal, intercambiaron unas cuantas impresiones y se cayeron bien. Al día siguiente volvieron a encontrarse y decidieron comer juntos en la misma feria. Aquel tipo resultó ser el principal ejecutivo de desarrollo de negocio de una de las más grandes multinacionales de su sector y estaba buscando una empresa española para implantarse en nuestro país con una de sus líneas de negocio.

  Tras aquella comida en Frankfurt vinieron muchas otras con planes de *marketing*, canales de distribución, y, cómo no, siempre con las cuentas de la empresa por delante. Hoy Juanjo es socio para España y Portugal de una de las grandes multinacionales del sector en el que opera, maneja un volumen de operaciones que nunca hubiera imaginado y cuenta con el respaldo financiero y comercial de un potente grupo que opera a nivel mundial.

- **Conseguir subvenciones.** Las subvenciones, públicas o privadas, se fundamentan en otorgar un dinero a las empresas en condiciones ventajosas, incluso a fondo perdido, con el objeto de que lo empleen en conseguir un fin, normalmente de interés general o social, para el que han sido concebidas. Como es lógico, hay muchas más empresas interesadas en conseguir subvenciones que dinero disponible, por esta razón, los otorgantes han de elegir a quién se lo dan y a quién no.

Los criterios más comunes a la hora de seleccionar proyectos para ser subvencionados son, en primer lugar, el objeto del proyecto que se pretende llevar a cabo –se comprueba que se adecúa al fin de la subvención– y, en segundo lugar, la probabilidad de que esa empresa vaya a conseguir ejecutarlo satisfactoriamente. En este último punto es donde entra el análisis de balances, se estudiarán las cuentas de la empresa para asegurar que el proyecto es viable. Por lo tanto, revisarlas antes de adjuntarlas a la solicitud de subvención resulta fundamental, si pretendemos que no nos la rechacen por este motivo.

- **Dirigir varias empresas simultáneamente.** Inmaculada es Consejera delegada de un hotel y gestiona varias empresas más. Periódicamente revisa las cuentas y toma decisiones sobre la marcha. Inmaculada ya sabe dónde tiene que mirar y cuáles son los factores clave en cada caso. Esto le permite saber cuándo las cosas empiezan a torcerse y hay que tomar decisiones inmediatas para que el asunto no se le vaya de las manos.

La negociación bancaria

Ahora bien la utilidad directa más visible que se obtiene de la habilidad de interpretar balances de un vistazo está en la negociación bancaria, tanto si nos encontramos del lado de la empresa, como si estamos de parte de la entidad financiera. En la negociación bancaria se aúnan y contraponen a la vez unos intereses muy concretos y definidos, una parte tiene dinero y desea prestarlo, asegurándose de que se lo van a devolver, y la otra parte necesita tomarlo en las mejores condiciones de plazo y precio posible.

Esther, Ruth, Javier y Raúl son directores de oficina bancaria o responsables de pymes que no sólo se limitan a tramitar las operaciones, sino que van más allá. Con un solo vistazo a los balances que les traen los clientes saben si se les va a conceder o no lo que están pidiendo. Estos profesionales tratan de asesorar a los clientes para que su solicitud de financiación sea acorde con la estructura financiera de su empresa y, de este modo, puedan tomar el dinero que necesitan y el banco pueda asegurarse el recobro del crédito. En definitiva, ellos facilitan que se llegue a un acuerdo ganar-ganar, por eso son buenos en su trabajo y así se les reconoce.

Por otro lado, Angela, Fran, María e Iván son emprendedores o responsables financieros de su empresa y entre sus misiones está la de conseguir el dinero que necesita la empresa en las mejores condiciones posibles. ¿Cómo lo hacen? Tienen presente algo fundamental, que el objetivo del banco es tratar de asegurarse el recobro. Para demostrárselo elaboran un informe sobre la empresa centrándose en sus cuentas, destacando los aspectos positivos de las mismas y justificando aquellos que son menos positivos; es decir, se las dan ya interpretadas. Y con este informe visitan a varias entidades financieras, para recibir ofertas de todas ellas y elegir las más ventajosas para su negocio.

Tu ventaja competitiva

Por favor, tómate la molestia de echarle un vistazo a tu historial profesional, o al de tus compañeros y amigos, o al de cualquier conocido, muchos de ellos están en *LinkedIn* (*www.linkedin.com*). Fíjate bien en todos y podrás ver los conocimientos que han adquirido, a través de una formación académica acreditada con unos títulos y una experiencia profesional, que les capacitan para ocupar ciertos puestos de trabajo. El currículum vitae está referido al pasado, conocimientos e historia, sin embargo lo importante de las personas no está en el pasado, sino en su futuro. ¿En cuántos historiales profesionales has podido ver referencias al talento de la persona?

¿Has oído a alguien decir «tengo el talento de presentir el comportamiento de la gente y puedo prever las ventas de un producto, anticiparme a las crisis o saber cuál de los servicios que ofrece la empresa será el más demandado»? ¿Has visto algún currículum que ponga «tengo talento para liderar a las personas, para contagiar alegría, optimismo e ilusión y hacer de la rutina del trabajo un reto diario»?

El talento permite desarrollar habilidades que podemos aplicar y rentabilizar profesionalmente, que nos van a ayudar a superarnos y a mejorar nuestro entorno. Habilidades sencillas y básicas que complementan nuestra capacitación y conocimientos haciendo mejorar también a las personas que se encuentran a nuestro alrededor. Todos encerramos algún talento, una facilidad natural para hacer algo con soltura y destreza, algo que nos hace mejores que los demás en ese campo cuando sabemos aplicarlo. ¡Descubre tu talento!

La mayor parte de nosotros desconocemos nuestro talento, somos gente normal, ni mejores ni peores que los demás, pero nuestro talento está ahí, esperando a que seamos nosotros mismos quienes lo descubramos. Busca aquello que haces bien, aquello que te hace sentir a gusto y que los que te rodean te reconocen. Desarrolla habilidades, unas nos llevarán a otras y cuando sepamos cuáles son las que hacemos mejor, estaremos cerca de descubrir nuestro talento. Hace poco una colaboradora a la que tengo en gran estima me comentaba «...consigo cobrar facturas impagadas, por pesada». Sin duda el talento de Belén reside en la tenacidad, en no darse nunca por vencida, en su resistencia a la frustración y al fracaso. Personas así, hoy en día, no tienen precio.

Diseña tu propio plan para ir más allá de la adquisición de conocimientos y desarrolla destrezas que te permitan descubrir y potenciar tu talento. Hoy más que nunca, cuando el nivel de conocimientos y capacitación de la sociedad española es mayor que en ningún otro momento de su historia, necesitamos gente con talento, capaz de desarrollar habilidades que resuelven problemas; personas que puedan ver más allá, simplemente cerrando los ojos, y tracen un plan que entusiasme y llene de confianza a quienes les rodean. En definitiva, profesionales que marquen la diferencia en los momentos decisivos. ¡Pon en valor tu talento!

Ponlo al servicio de los demás, de tu empresa, de tus clientes y de la sociedad en general y conseguirás no sólo crecer profesionalmente, sino crecer como ser humano. Demuestra lo que puedes hacer por demás, eso que puedes ofrecer extra con respecto al resto de personas de tu misma capacitación y que va a marcar la diferencia, tu sello personal. Aquello que hace que te prefiramos a ti y no a otro. Aprovecha esta habilidad que acabas de adquirir y ponla en valor. Desde tu empresa o negocio, y si en este momento no tienes esa oportunidad, entrénala para poder ofrecerla diciendo sin pudor:

> «Soy capaz de interpretar balances de un vistazo y con eso podremos lograr...»

Y si todavía no te sientes seguro, practica, practica y practica; busca información, lee otros libros sobre el tema o apúntate a cursos prácticos para entrenarte, porque es la mejor inversión que puedes hacer, pero, por favor, no dejes tu talento oculto, sácalo a la luz y déjanos apreciarlo, queremos aprovecharlo, lo necesitamos.

Anexo

Soluciones al caso Drexter

¡Enhorabuena!, haber llegado aquí es una magnífica señal, significa que estás cerca de convertirte en un experto en las finanzas de la pyme. Deseo que tu interés y esfuerzo se vean recompensados. Por favor, comprueba las respuestas y si has cometido errores, no te preocupes. Revisa las claves, fíjate bien, relee aquel capítulo que no te haya quedado suficientemente claro y vuelve a intentarlo, ya verás cómo poco a poco lo harás de un modo mecánico y acertado.

1. Si en el siguiente ejercicio económico las ventas descendieran un 10%, los gastos generales de explotación permanecieran más o menos constantes y no hubiera otras variaciones significativas, ¿Entraría la empresa en pérdidas?
   - a) Sí
   - b) Seguramente sí
   - c) **No**

2. El Ebitda
   - a) **Ha crecido más de un 12%**
   - b) Ha crecido menos de un 12%
   - c) Con los datos que dispongo, no puedo determinar el ebitda y mucho menos su crecimiento

3. La empresa
   - a) No tiene un negocio sano ya que los resultados extraordinarios son negativos
   - b) **Tiene un negocio sano ya que el beneficio se genera en la actividad ordinaria**
   - c) Tiene un negocio sano ya que los resultados extraordinarios y financieros contribuyen al beneficio neto que genera

4. El esfuerzo comercial de Drexter Solutions, S.L.
   - a) Es inútil ya que vende más para ganar lo mismo
   - b) **Trae como resultado un crecimiento de calidad**
   - c) No trae como resultado un crecimiento de calidad
5. El valor teórico de la empresa a finales de 20X1 es
   - a) 4.779.406 €
   - b) **716.911 €**
   - c) 3.202.202 €
6. El activo de esta empresa
   - a) Es demasiado grande en proporción a la cifra de negocio
   - b) Tiene un inmovilizado sobredimensionado para ser una empresa de este sector y características
   - c) **No presenta signos de anormalidad**
7. La rentabilidad que ofrece al accionista
   - a) **Es atractiva para el inversor**
   - b) No es atractiva para el inversor pero se espera que en futuro pudiera serlo
   - c) No es atractiva para el inversor pero hay otros indicadores que sí lo son
8. A corto plazo
   - a) La empresa no va a poder pagar sus deudas ya que vemos que su fondo de maniobra es negativo
   - b) **Puede llegar a tener problemas de liquidez ya que, si bien el fondo de maniobra es positivo, se ha deteriorado considerablemente en el último año**
   - c) No va a tener problemas de liquidez porque su fondo de maniobra es muy holgado y además, está creciendo
9. A la hora de pedirle dinero al banco
   - a) No va a tener problemas ya que la empresa es muy rentable
   - b) Tendrá problemas porque su fondo de maniobra está demasiado ajustado

- **c** **Tendrá problemas ya que se encuentra excesivamente endeudada**

10 Esta última pregunta es más complicada, no ha sido explicada en el libro pero, si observas bien las cuentas originales, las que salen del programa de contabilidad, estoy seguro de que podrás responderla correctamente. Drexter Solutions, S.L.

- **a** **Cobra a sus clientes a más de 60 días**
- **b** Cobra sus ventas a un plazo de entre 30 y 60 días
- **c** Cobra a sus clientes antes de 30 días

Estoy seguro de que no te ha resultado muy difícil, sólo hay que seguir las claves una a una y las respuestas salen solas. Ya tienes claro en tu mente cual es la situación economicofinanciera de Drexter Solutions, S.L., ahora es necesario que seas capaz de explicarlo, las cosas claras y sencillas son sin duda las más útiles, las que mejor funcionan. Trata de contarlo brevemente pensando que la persona que tienes enfrente no es un experto y simplemente quiere saber si la empresa es capaz de generar beneficios y si podrá hacer frente a sus obligaciones de pago y por qué.

Sin embargo, la parte más complicada viene cuando tienes que decirle a alguien aquello que no quiere oír. Cuando llega este momento pienso en lo médicos, curar a las personas ha de ser muy gratificante pero, lo cierto, es que en muchas ocasiones no me gustaría estar en su pellejo. Mira a Estanis a los ojos, ármate de valentía y dile la verdad. Busca alguna vía por donde trabajar para solucionar su problema, estoy seguro de que serás capaz de encontrar alguna alternativa.

Inténtalo, no te rindas, has de lograr que salga de tu despacho con la esperanza de saber que no todo está perdido, estoy convencido de que serás capaz de devolverle la esperanza y las ganas de luchar para alcanzar sus objetivos y deseos. Y cuando sepas que lo has logrado, te sentarás en el sofá, cerrarás los ojos, te olvidarás de cifras de negocio, de porcentajes de crecimiento o de inversiones y deudas. Entonces te darás cuenta de que las finanzas de las pymes deben estar al servicio de las personas y tú eres la pieza clave para unir a las unas con las otras, de este modo, sentirás el orgullo de estar contribuyendo a mejorar la sociedad que te vio crecer y de la cual tanto has recibido. Entrénalo y cuando forme parte de ti y seas capaz de aportar generosamente tu conocimiento y habilidad a los demás, habrás logrado poseer esa ventaja competitiva, por la cual te preferirán a ti por encima de cualquiera.

El autor

Joaquín Puerta (Madrid 1969), como socio fundador de TAIMAR Consultoría Fiscal y Financiera, ha acompañado a numerosos emprendedores en la gestación y crecimiento de sus proyectos empresariales, con la satisfacción de que casi todos siguen en pie y algunos se han convertido en gran empresa. Licenciado en Marketing y Gestión de Empresas y Máster en Dirección Economicofinanciera por el CEF, compagina su actividad profesional como asesor de empresas con la docencia, impartiendo clases en los programas Máster de IDE-CESEM de Madrid, Burgos (ITCL) y Navarra (Cámara de Comercio).

Su blog es: www.joaquinpuerta.com